IMPROVÁVEL NÃO É **IMPOSSÍVEL**

IMPROVÁVEL NÃO É IMPOSSÍVEL

Esta é uma publicação Trend, selo exclusivo da Ciranda Cultural.
© 2025 Ciranda Cultural Editora e Distribuidora Ltda.

Nenhuma parte desta obra pode ser reproduzida
ou transmitida sem a permissão prévia por escrito.

Editora
Nayra Ribeiro

Revisão
Fernanda Braga

Produção editorial
Grupo Ciranda Cultural

Projeto gráfico e diagramação
Luisa Tavares

Capa
Rubens Lima

DADOS INTERNACIONAIS DE CATALOGAÇÃO NA PUBLICAÇÃO (CIP)

B732i	Borges, Alexandra	
	Improvável não é impossível / Alexandra Borges – Jandira, SP : Trend, 2025.	
	160 p. ; 15,5cm x 22,6cm.	
	ISBN: 978-65-8318-702-4	
	1. Psicologia. 2. Vendas. 3. Superação. I. Título.	
2025-1749		CDD 150
		CDU 159.9

Elaborado por Vagner Rodolfo da Silva - CRB-8/9410

Índice para catálogo sistemático:
1. Autoajuda 150
2. Autoajuda 159.9

Alexandra Borges

IMPROVÁVEL
NÃO É
IMPOSSÍVEL

Conheça a **jornada de sucesso** de quem transformou **obstáculos** em **resultados** extraordinários na área de vendas

BORA VENCER NA VIDA!

Conheça a jornada de sucesso de quem transformou obstáculos em resultados extraordinários na área de vendas.

DEDICATÓRIA

Dedico este livro à minha mãe, Sebastiana (in memoriam). Seu amor incondicional e sua mansidão me constrangem até hoje. Eu te amarei e te honrarei para sempre.

AGRADECIMENTOS

Antes de tudo, agradeço a Deus, o autor da vida. Quando eu não era a escolha de ninguém, Ele me escolheu e me presenteou com uma família improvável, porém a mais amorosa e cheia de compaixão que eu poderia ter.

Ao meu pai, Joaquim João, e aos meus nove irmãos: João, Dalísio, Alice, Moisés, Zezé, Mauro, Birão, Naia e Lázaro. Com vocês vivi as memórias mais lindas que carrego no coração.

Aos meus filhos, Thereza e Jean, que sempre foram e continuam sendo a minha maior motivação. E agora, com a continuidade da nossa história, recebo o amor mais puro que eu poderia conhecer: meus netinhos Maya, Jeanzinho e Davi.

Ao meu marido, Marco, meu maior incentivador, que faz de mim uma pessoa mais corajosa.

Aos meus sogros, Sr. Rodrigues e Meire, que me acolheram como filha e me fizeram sentir o doce sabor do pertencimento. Com os Rodrigues, ganhei muito mais do que sogros: ganhei outra família linda, um presente de Deus em minha vida.

A todos os meus clientes que tive a honra de atender ao longo dos anos, com quem aprendi tanto em cada atendimento.

À Elaine, minha amiga, irmã e parceira de negócios. Há 25 anos nossos valores e princípios nos unem, e juntas vivemos o cuidado e o sobrenatural de Deus.

À Oscar Calçados, que me abriu as portas quando eu mais precisava de um recomeço. Aprender com campeões fez toda a diferença na minha virada de chave e mudança de mentalidade.

Ao povo angolano, que me acolheu com tanto carinho durante os cinco anos que vivi lá.

À minha amada equipe, que embarca comigo em todas as minhas ideias mirabolantes em busca de crescimento.

De coração, meu muito obrigada a cada um de vocês!

SUMÁRIO

PREFÁCIO   16

INTRODUÇÃO   20

36
CAPÍTULO 1
Vender é uma questão de sorte?

46
CAPÍTULO 2
Quem dera a vida fosse só vender...

56
CAPÍTULO 3
O vendedor "desempoderado"

64
CAPÍTULO 4
O dia da decisão

72
CAPÍTULO 5
Transforme seu propósito em energia e use para servi

86   CAPÍTULO 6
M de Movimento para conexão genuína com o cliente

96   CAPÍTULO 7
E de Escutar atentamente para entender as dores e as necessidades do cliente

106   CAPÍTULO 8
T de Transformar a necessidade do cliente em solução

118   CAPÍTULO 9
A de Acompanhar continuamente no pós-venda

124   CAPÍTULO 10
"Bora" vencer na vida!

138   CAPÍTULO 11
Perdoar para vencer

152   CAPÍTULO 12
O poder de mudar o dia de alguém

PREFÁCIO

Escrever este prefácio é uma grande honra, porque este livro não é apenas sobre sucesso profissional, mas também sobre superação, determinação e a construção de uma vida significativa.

Tive o privilégio de conhecer Alexandra, durante sua trajetória na nossa empresa de calçados, onde sempre demonstrou uma motivação incrível, uma capacidade impressionante de superar metas e um olhar diferenciado para os desafios. Para ela, vender nunca foi apenas fechar uma venda, mas sim ajudar pessoas, criar conexões e transformar clientes em amigos.

Sua jornada não foi fácil. Ela enfrentou dificuldades que teriam desanimado muita gente, mas, com garra, persistência e um entusiasmo contagiante, deu a volta por cima e se tornou uma empresária de sucesso. E além de tudo isso, construiu uma família linda, baseada nos mesmos valores de amor, dedicação e respeito que aplica em sua vida profissional.

Neste livro, Alexandra compartilha sua história, suas estratégias e sua visão de um atendimento genuíno, baseado na confiança e no relacionamento humano. Se você quer aprender a vender de um jeito que realmente faz a diferença – ajudando, construindo laços e superando expectativas –, esta leitura é para você.

Tenho certeza de que este livro vai inspirar e transformar sua forma de enxergar os negócios e a vida.

Boa leitura!

Oscar Constantino

INTRODUÇÃO

É muito pouco provável que este livro estivesse em suas mãos hoje se não fosse esta história:

Um terreno baldio, um lixão a céu aberto. Uma bebê de 1 ano e dez meses brincava com cacos de vidro e comia restos de alimentos que encontrava nos sacos semiabertos. A menina tinha os pezinhos encardidos e seu cabelo quase não parecia loiro, de tão impregnado das imundícies daquele lugar. Não havia nenhum adulto para tirá-la dali, para dizer "não pode". Aquele espaço parecia seu *playground*, mas não era.

A cena se repetia diariamente naquela rua da cidade de Jacareí, no interior de São Paulo. Até que um dia uma mulher de mais de 50 anos passou pelo lixão e avistou a menina. Ela carregava uma trouxa com roupas de clientes, que seriam devidamente lavadas e passadas em sua casa. Lavar roupas para fora era o seu ganha-pão, que a ajudava a criar os nove filhos já crescidos. Ela se aproximou da garotinha e, ao ver um pedaço de garrafa de vidro em suas mãos, advertiu-a: "Não pode, neném... Mexer nesse lixo é perigoso". Num gesto delicado, tirou o objeto cortante daquelas mãozinhas frágeis. A menina, então, estendeu os bracinhos num pedido de colo – que talvez pudesse ser de socorro. A mulher, cheia de compaixão, nem se importou com o fato de a bebê não estar asseada – era nítido que tinha piolho e vermes. Colocou a trouxa no chão e a tomou nos braços.

O que se deu ali, naquele exato momento, foi uma conexão de amor. A mulher se encantou pela menina, e a menina se encantou por ela. A lavadeira, então, foi procurar saber quem era a mãe daquela garotinha aparentemente perdida. As pessoas da vizinhança apontaram para uma cigana, sentada num barzinho, na mesma rua: "Aquela ali é a avó dessa bebê". Ela, então, aproximou-se e passou a menina de seu colo para o da cigana, que, na mesma hora, a colocou no chão, sentada na calçada, e disse: "Ela é assim mesmo, dá muito trabalho". A mulher deixou a menina com a avó e foi embora, consternada. Não teve mais paz. Chegou em casa e relatou para os filhos e o marido a cena que havia presenciado. Onde já se viu deixar uma garotinha indefesa solta, na rua, comendo lixo, brincando com vidro! Seu coração ficou apertado. Enquanto esfregava roupa no tanque, alvejando os lençóis e deixando o quintal repleto de roupas branquinhas secando ao sol, a imagem da bebê sujinha e abandonada no lixão não saía de sua mente. E ela sentiu que precisava fazer alguma coisa. Na verdade, sua vontade mesmo era de levar aquela bebê para sua casa, cuidar dela, com todo amor e carinho.

Ao ouvir a história da menina, um de seus nove filhos contou que sabia quem era a mãe da garotinha e, alguns dias depois, promoveu o encontro entre as duas, a candidata a mãe adotiva e a mãe biológica. A moça, que não tinha condições financeiras nem psicológicas de ficar com a menina, viu ali a salvação de sua bebê. Uma casa de pessoas de bem, evangélicas, e uma mulher transbordando de amor e querendo ficar com sua filha. Ela consentiu.

Foi assim que Sebastiana se tornou mãe pela décima vez. Foi assim que eu, Alexandra, a bebê que vivia largada no lixão, ganhou um lar e a mãe mais amorosa que eu poderia ter na vida. Foi dessa maneira que fui salva e minha história começou a ser reescrita.

Uma confusão cheia de amor. Essa era a melhor descrição do meu novo lar. Não havia luxo, o dinheiro era contado – quando não faltava! Só houve espaço ali para mim porque houve muita compaixão. Não apenas da minha mãe Sebastiana, mas também de meu pai adotivo e de todos os meus irmãos. Eu era apaixonada por eles e eles por mim.

Minhas irmãs me contam que, nas poucas vezes que vi minha avó biológica, depois de ter sido adotada, eu ficava apavorada. Deus sabe bem o que passei no meu primeiro ano de vida. Eu não me lembro. A mente tem esse poder de nos proteger de certos traumas.

Eu me tornei uma menininha feliz, mas assustada, que tinha pânico de ficar longe de minha mãe, a minha grande protetora para o resto da vida. No casamento de um dos meus irmãos, ela nem pôde ficar no altar, teve de ficar comigo, num cantinho, porque eu tremia – e até fazia xixi na calça – de tanto medo de ser abandonada por ela. Já a minha mãe biológica se afastou mesmo. Chegou a me fazer uma ou duas visitas. Depois sumiu. É o que me contam. Levou dois anos para que minha mãe adotiva conseguisse me registrar e incluir em minha certidão de nascimento o sobrenome da família. Assim, em 1976, eu me tornei Alexandra Borges... da Cruz. Com direito a uma licença poética: embora meu nome continuasse sendo Alexandra, em minha família adotiva todos sempre me chamaram de Alessandra, com dois esses.

Eu cresci feliz, bem cuidada e com uma conexão forte com minha mãe. Mesmo sem saber que havia sido adotada – até então aquele assunto não tinha sido abordado entre a gente –, eu alimentava um sentimento de gratidão por Sebastiana. Por isso, se a via sofrendo ou preocupada, eu fazia o que fosse possível para que ela ficasse bem. Eu tinha 8 anos quando surgiu uma dessas situações. A torneira do tanque onde ela lavava roupas havia quebrado. E, sem ter como lavar as roupas das clientes, ela ficava sem trabalho e sem sua fonte de renda principal. O problema é que mamãe não tinha nenhuma reserva para comprar uma torneira nova. O dinheiro dava apenas para as despesas. Ela, então, teve uma ideia: fazer coxinhas com um pouco do frango que tinha sobrado na geladeira e me colocar para vender na rua. Mamãe tinha um tempero muito gostoso, mas prática nenhuma de enrolar coxinhas. Com isso, os salgados não ficaram nem um pouco atraentes, visualmente falando. Pareciam bolinhas e croquetes, menos coxinha! Mesmo assim, confiante e disposta a ajudar, lá fui eu oferecer as coxinhas para as pessoas que transitavam perto de casa. Essa foi a primeira vez que tive uma experiência com vendas. E não foi nada animadora. "Moça, compra uma coxinha!" "Moço, compra uma coxinha!" Passei uma manhã inteira abordando as pessoas que passavam e voltei para casa decepcionada, sem vender um salgado sequer.

"Mãe, ninguém quis comprar a coxinha... Vamos comer, porque eu sei que não está bonita, mas está gostosa!" Quando eu disse isso, minha mãe caiu no choro, sentindo-se culpada por ter desperdiçado aqueles ingredientes numa ideia que não deu certo. "Eu poderia ter cozinhado esse frango para vocês...". Ao vê-la naquele estado de desespero, entendi o quanto era importante vender aqueles salgados.

"Não fique assim... Vou dar um jeito, mãe!" Peguei a vasilha com os salgados novamente e voltei para a rua, determinada. Minha mãe era a pessoa mais importante do mundo para mim e eu voltaria com o dinheiro para que ela pudesse comprar a torneira nova. Nesse momento nasceu minha primeira meta de vendas, já baseada em algo que me move até hoje: um propósito. Assim, voltei para a rua determinada a vender todas as coxinhas para deixar minha mãe feliz.

Na minha segunda tentativa de vendas, passei a abordar as pessoas de maneira diferente. Achei que, se as pessoas que eu abordasse soubessem da minha história, talvez elas comprassem. Nem que fosse por pena de mim.

"Tio, você quer comprar uma coxinha? É uma delícia! Eu sei que é uma bolinha, que não parece coxinha, mas a minha mãe fez com tanto carinho... Para ser sincera, eu queria comer esse pote inteiro de tão boa! Mas não posso, porque a gente precisa é do dinheiro."

"Moça, compra uma coxinha? Ela não é muito bonita, mas garanto que é muito gostosa. Tem muito frango desfiado e é bem temperada... Eu preciso muito vender e levar esse dinheiro para minha mãe."

A nova abordagem fez toda a diferença, e as pessoas começaram a comprar minhas coxinhas. Eu tinha um motivo forte para a venda e, ao conseguir me conectar com meus potenciais clientes por meio da minha história, fui construindo uma conexão com eles. Eu só tinha 8 anos, mas uma motivação enorme que me fez encontrar o caminho da venda e aprender a minha primeira e até hoje mais valiosa lição como vendedora: o poder da conexão. Animada, segui para a rua de trás e fui percorrer o bairro oferecendo a iguaria feiosa, mas deliciosa. Fiz mais algumas vendas até que um casal ouviu minha história e arrematou minhas últimas 6 coxinhas. Eles compraram até a vasilha, que eu não queria vender, mas, com a insistência e diante de um bom dinheiro, entreguei o pote.

Cheguei em casa radiante, com o dinheirinho dobrado no bolso. Mamãe ficou feliz e orgulhosa de mim. Trocou a torneira do tanque e, daquele dia em diante, sabia que poderia contar comigo para as vendas. Em outra oportunidade, ganhou espigas de milho de uma vizinha e não tivemos dúvidas: ela fez boa quantidade de pamonha e eu saí para vender. Ganhei até fama de boa vendedora. Quando tinha feijoada beneficente na nossa igreja, já falavam: "Põe a Alexandra para vender os convites que não vai sobrar um!"

Eu já era uma adolescente, tinha meus 13 anos e precisava trabalhar para ajudar em casa. Passeando na rua do mercadão, no centro comercial de Jacareí, vi uma placa "Temos vaga para balconista" em uma papelaria daquelas bem pequenas e atulhadas de coisas. Pensei que seria uma ótima ideia conseguir um emprego naquele lugar. Me apresentei para a Miriam, que era a dona da loja. "Você é menor de idade, Alexandra, não posso te contratar. Você só pode trabalhar de *freelancer*. Se quiser, pode vir me ajudar, a partir de amanhã, enquanto o movimento aumentar com volta às aulas." Topei na hora. Eu nem esperei o dia seguinte. Comecei no mesmo minuto. Já fui etiquetar lancheiras, conforme minha nova chefe me instruiu.

Eu era uma menina desenrolada para vendas. Desde a venda das coxinhas, me descobri uma boa vendedora e, para fazer um bom negócio, não tinha tempo ruim. Literalmente. No dia seguinte, caiu o maior toró e não tive dúvidas: por minha conta e risco, vesti uma capa, peguei todos os guarda-chuvas e capas que havia no estoque e me posicionei na calçada, no caminho dos trabalhadores que rumavam para o ponto de ônibus. Quem tinha sido pego desprevenido pela chuva era cliente certo. No dia seguinte, a Miriam teve de ir às pressas para São Paulo comprar mais mercadorias na rua 25 de março, porque eu tinha zerado o estoque de itens para dias chuvosos.

A Miriam ficou tão impressionada com meu empenho que o trabalho temporário se tornou fixo e, aos 16 anos, eu já tinha carteira assinada e uma promoção para gerente da papelaria. O sangue de vendedora corria nas minhas veias, e isso rendia alguns episódios hilários. Como gerente, agora eu acompanhava a dona da loja nas compras em São Paulo. Em uma dessas viagens de compras, levei comigo um item que estava muito na moda: um ursinho que virava mochila. Todas as meninas queriam ter um acessório daquele, e eu logo garanti o meu. Logo depois o estoque esgotou. Ao chegar com minha mochila-ursinho a uma das lojas onde faríamos as compras para a papelaria, uma vendedora me abordou. "Nossa, minha filha está louca por uma mochilinha dessa, mas aqui na 25 não acho em lugar algum. Acabou tudo." Não tive dúvidas: "Se você quiser, eu vendo a minha para você. Só que pelo preço que eu vendo lá na loja em Jacareí, não pode ser pelo preço da 25, ok?" A moça topou na mesma hora. E eu vendi a mochila que estava comigo há apenas 3 dias. A Miriam não acreditou no meu desprendimento! Minha veia de vendedora era mais forte do que qualquer capricho!

Àquela altura eu já conseguia ajudar em casa com o meu salário. E quem pagava a conta de luz era eu. Isso era ótimo, porque me dava créditos no banho. Em uma casa com apenas um banheiro e orçamento apertado, o tempo embaixo do chuveiro era cronometrado. Sempre havia briga entre os irmãos por causa disso.

Certo dia, o clima ferveu entre mim e um de meus irmãos. Ele pegou pesado: "O que você está falando, Alessandra? Até um dia desses você comia lixo e hoje está nessa frescura de banho demorado!"

"Comia lixo?", perguntei. "Mãe, eu comia lixo?" Até então essa história nunca tinha vindo à tona. Sebastiana veio ao meu encontro, sentou-se ao meu lado, e contou o que aconteceu desde o dia em que me encontrou literalmente no meio do lixo. Fez isso com todo o amor do mundo. Confirmou o que as evidências denunciavam. Minha mãe de pele clara, meu pai negro e todos os meus irmãos resultado dessa mistura evidenciavam que eu era irmã de criação. Ouvi tudo anestesiada, chorei muito e nunca mais falamos disso. Um sentimento maior ainda de gratidão tomou conta de mim, e eu passei a amar todos eles mais do que nunca. Me senti escolhida por Deus. Não sei quem eu teria virado se tivesse crescido com a minha avó biológica.

Além de dividir a responsabilidade pelas compras da papelaria, também passei a fazer as ligações para liberação de crediário. Especialmente em época de volta às aulas, muitos pais de alunos precisavam fazer as compras parceladas – estamos falando de uma época em que não havia cartão de crédito. O sistema era por carnê. Como a nossa loja era tão simples que nem telefone tinha, a Miriam pedia para usar o aparelho de uma loja de móveis localizada pertinho da nossa. O estabelecimento, sofisticado para os padrões do bairro, era de uma família de libaneses. Sempre que era preciso, eu aparecia lá na loja para usar o telefone. Em uma dessas vezes, conheci o filho do dono, um libanês de 20 anos chamado Pascoal. Eu me apaixonei.

Namoramos, engravidei, casamos às pressas. Éramos duas crianças, o Pascoal e eu, brincando de casinha e de boneca. Totalmente inexperientes a ponto de, quando minha primogênita, Thereza, tinha 3 meses, eu descobrir que estava grávida... de novo. Tivemos o Jean. Mas o casamento não deu certo.

Voltei para a casa da minha mãe bem diferente de quando saí. Aos 21 anos, eu tinha dois filhos, estava cansada, infeliz e com a autoestima abaixo de zero. Minha família me acomodou com os dois bebês num colchão na sala. Eu acordava todos os dias com a claridade que entrava pela janela e molhada do xixi que vazava da fralda dos pequenos. Precisava fazer alguma coisa, arrumar um emprego. Refazer minha vida e minha dignidade. Se um dia, no passado, meu propósito para vender muito foi o amor pela minha mãe, agora também seria o amor que me impulsionaria. Por meus filhos, eu bateria tantas metas quantas fossem necessárias. Só precisava encontrar um novo trabalho. Meu sonho era trabalhar em uma concessionária da Fiat que ficava na rua da minha casa. Eu passava todos os dias em frente àquele prédio imponente com carros lindos à venda e sonhava. Ali eu poderia fazer vendas de milhares de reais e ganhar comissões maravilhosas. Surgiu uma oportunidade e me candidatei à vaga. Cheguei a fazer um teste, mas não fui escolhida para ficar. Fiquei frustrada. Eu tinha certeza de que faria um ótimo trabalho ali. Se ao menos me dessem uma oportunidade...

FOI DESSA MANEIRA QUE FUI **SALVA** E MINHA HISTÓRIA COMEÇOU A SER **REESCRITA**

Tive de engolir a decepção e seguir procurando emprego. Mas não estava fácil conseguir um emprego em Jacareí. Então, decidi pegar um ônibus para a cidade vizinha, São José dos Campos.

Na rodoviária, fui surpreendida por essas coincidências (ou obras de Deus?) na vida: encontrei uma amiga dos tempos da escola, a Rose. Ela também estava indo para São José e ficou surpresa ao me ver ali. "Alexandra... você pegando ônibus? Todo mundo comenta no bairro que você está por cima, que se casou com o vereador! Não estou entendendo", ela brincou. Eu expliquei, quase chorando: "Então, vou contar a realidade: eu me separei. O casamento não deu certo e estou precisando desesperadamente de um emprego. Quero ver se encontro algo em São José, porque em Jacareí está difícil. Tenho dois filhos, ainda bebês, para criar. Se souber de alguma vaga, por favor, me avise".

A Rose ficou comovida. Entendeu que minha vida estava bem longe do glamour que as pessoas pintavam. "Olha, eu trabalho numa loja de calçados. Não quer vir comigo? Eu te apresento e você entrega o seu currículo lá", ela propôs. Topei na hora. Era a chance de que eu precisava.

Seguimos para a Oscar Calçados, uma loja enorme de sapatos multimarca, que ficava no shopping.

A gerente da loja achou que eu tinha perfil para ser vendedora ali, mas logo apontou um empecilho: o fato de eu ter dois filhos muito pequenos. Expliquei a ela que minha mãe cuidava deles para mim e que isso não seria problema. Ela se convenceu de que a maternidade não atrapalharia o meu desempenho – entendeu, inclusive, que ser mãe era um motivo a mais para eu focar nos resultados. "Por mim, você está aprovada. Agora precisa falar com o nosso RH." Ela me passou o endereço do escritório geral da Oscar e lá fui eu conversar com a Sônia. Nessa segunda conversa, outro empecilho surgiu: como eu morava longe, precisaria pegar duas conduções, e eles só poderiam me pagar uma. Não fiz disso um problema. Concordei com que eles me pagassem apenas o ônibus da rodoviária de Jacareí para São José dos Campos. O trajeto de casa até a rodoviária ficaria por minha conta – não disse nada para a moça que me contratou, mas eu faria o percurso a pé. Também aceitei a remuneração: 4% de comissão sobre as minhas vendas, sem nenhum salário fixo. Eu precisava daquele trabalho mais do que tudo; eu precisava daquele "sim". Voltei para casa como naquele dia em que vendi todas as coxinhas, satisfeita por ter cumprido o meu objetivo e ter uma notícia que faria minha mãe feliz. Desde então nunca mais deixei de trabalhar e vender.

Minha vida foi, desde a infância, conectada com vendas – e tudo o que realizei foi vencendo os desafios de me tornar uma ótima vendedora. E me tornei, modéstia à parte. Ao longo dos anos, fui destaque, batendo metas, mês após mês. O sucesso me levou a assumir o cargo de gerente de loja e, mais tarde, supervisora de uma rede inteira. Depois disso, eu me coloquei à prova fora do Brasil, em uma experiência única em Angola. Há alguns anos, subi a barra mais um pouco e me tornei proprietária de franquias de cafés.

O primeiro princípio de vendas que levo comigo até hoje é ter um propósito maior, pois é ele que faz renascer das cinzas e levantar todas as vezes que a vida derruba a gente no chão. Foram as adversidades que me impulsionaram e me tornaram mais forte e resistente. Elas sempre me mostram uma nova rota, um novo movimento, um recomeço. E me ensinaram mais e mais sobre vender. A cada desafio, aprimorei uma habilidade que me ajudou a ser uma profissional cada vez mais assertiva e focada em resultados. As comissões, as promoções e tudo o que ganhei como retorno me permitiram – e me permitem – cumprir o meu propósito de ajudar a minha família, conquistar a minha liberdade financeira, formar meus filhos em medicina e transmitir esse legado para minhas equipes, a fim de que mais e mais pessoas realizem seus sonhos por meio do que considero fundamental no meu trabalho: servir.

Desejo, do fundo do meu coração que este livro abra seu coração e sua mente para entender que improvável não é impossível. Não importa onde você nasceu, de onde veio, qual sua condição financeira... Não ligue para quem disser que suas chances de sucesso são mínimas. Quem cria as probabilidades para sua vida é você. Trabalhando com vendas é possível construir - e até mesmo reconstruir - sua história se cada atitude sua for baseada em propósito e conexão com o cliente. Venha comigo, que mostro o caminho.

Alexandra Borges

CAPÍTULO 1

VENDER É UMA QUESTÃO DE **SORTE**?

Eu era uma improvável, que só tinha vendido coxinha na rua e trabalhado em uma papelaria pequena e estava entrando para o time de uma loja de calçados enorme. Ali, havia vinte e cinco vendedores, e cada um atendia na sua vez. Alguns modelos de calçados eram os carro-chefe, como o tênis Nike Air, que estava na moda e tinha uma vitrine exclusiva para ele. O produto, que custava um alto valor, era um dos mais desejados pelos clientes e, por isso, queridinho dos vendedores. Afinal, rendia uma boa comissão. Já havia na loja alguns "especialistas" em Nike que praticamente dominavam aquele setor. Como eu estava chegando, entendi que era melhor ficar longe daquela área, se não quisesse confusão. O que sobrava para eu atender na minha humilde vez eram os clientes que não compravam Nike e que ainda não tinham dono.

Naquele início, vi que havia fatores que precisavam dar certo para que eu conseguisse fechar uma venda, como:

1. Dar sorte de, justo na minha vez, atender um cliente disposto a comprar. Aquele que sabe o que quer e chega à loja determinado. O pavor de todo vendedor é quem "só está dando uma olhadinha". A vez passa assim, num segundo.
2. O cliente não podia ter um "dono", ou seja, já ser exclusivo de algum outro vendedor.
3. Achar no estoque o modelo e a numeração que o cliente pediu. Não bastava ele querer, tinha que ter na loja.
4. O cliente ter dinheiro para comprar. Querer ter um sapato é uma coisa. Agora ter o dinheiro, ter crédito, é outra.
5. O cliente ter dinheiro e gostar do preço. "Achei caro" e acabar não levando o produto é uma das respostas que um vendedor ouve bastante.

Olhando para essa lista de "condições", não há muito o que um vendedor possa fazer a não ser ir trabalhar – porque se ficar em casa aí que não vende mesmo – e rezar para dar sorte e ter um dia próspero. Afinal, vendo por esse ângulo, todo o processo de compra depende muito mais do cliente do que dele. Enxergar a venda dessa única forma é o que torna a vida de quem trabalha com meta e remuneração por comissão uma dinâmica de pressão, frustração, desânimo e sensação de se sentir estagnado.

Sou a primeira a concordar que ambiente de vendas sempre foi desafiador e, nos últimos tempos, essa área tem passado por transformações que têm deixado os desafios ainda mais complexos. Em primeiro lugar, a revolução tecnológica vem sacudindo o mundo todo e não deixaria o comércio fora dessa. Com tanta oferta de produtos online e a um clique, o consumidor não precisa nem sair de casa para comprar o que deseja. Não basta ser vendedor, precisa saber se comunicar com o cliente no Whatsapp, fazer post nas redes sociais, estar onde a atenção do seu público está. Quem não acompanha essas mudanças corre o risco de ficar para trás e perder oportunidades de negócio.

Se por um lado o comércio virtual traz conveniência, possibilidade de pesquisar preço sem gastar sola de sapato, por outro os centros de compras têm muitas opções para os consumidores. Quantas lojas de calçados há em apenas um andar do shopping? E quantas de roupas femininas? Por quantos cafés bonitinhos é possível passar num passeio pelos corredores? Vemos empresas disputando tanto a atenção quanto o dinheiro dos consumidores em um mercado saturado. E os consumidores, por sua vez... estão mais exigentes, mais informados e empoderados, o que significa que os vendedores precisam ser mais do que simples vendedores – eles precisam ser consultores especializados, capazes de entender as necessidades e os desejos dos clientes e propor soluções que realmente agreguem valor. Não basta estar na loja para vender. Não basta rezar e torcer para ter sorte.

Em todas as épocas existiram desafios de vendas. No passado foi assim, no presente é o que vemos e no futuro continuará. E sempre houve vendedores e empresas que tiveram sucesso apesar deles. O grande problema é que cada vez mais profissionais se sentem pouco encorajados a agir, como se se sentissem menos importantes no processo de fazer uma venda acontecer, como se a atitude deles não importasse e não fizesse diferença no resultado. Com isso, muita gente acaba trabalhando desmotivada, fazendo o mínimo que lhe cabe e esperando dar sorte, porque acha que de nada vai adiantar o seu esforço. Isso vira uma bola de neve de fracasso: quanto mais um vendedor acredita que a venda não está em suas mãos, menos ele desenvolve a capacidade de vender.

Quando o vendedor não consegue enxergar onde pode atuar para ter sucesso, ele sofre com a pressão para trazer resultados. Cansado, acaba não se envolvendo em sua atividade usando toda a energia que tem disponível. Afinal, ele conclui que, "se tudo o que ele sabe sobre vendas não deu certo, é porque nada dá certo mesmo". É como se entrasse no "modo economia de bateria" para não se frustrar mais, para não ter a sensação de que está se esforçando à toa. Ele perde a capacidade de persistir, deixando de oferecer um produto, porque os clientes anteriores não se interessaram. Vê todo e qualquer empenho de sua parte como um esforço para, simplesmente, deixar o dono ou o chefe mais rico.

A pior consequência desse cenário de vendas desafiador em que o vendedor não consegue fazer a diferença é fazer com que ele desanime muito cedo de seus objetivos. Vejo muitos jovens que têm sonhos de viajar o mundo, ter uma casa, fazer faculdade, mas que deixaram de ter atitude e, assim, já desistiram de seu propósito.

Um vendedor que não acredita na sua capacidade de fazer a diferença se mantém focado apenas nas dores de vender – que tendem a aparecer com mais frequência para quem desiste. Além disso, perde o melhor da festa de ser vendedor, que é bater metas, ver a motivação crescer depois de vencer um desafio. Ele deixa de viver uma jornada que pode ser motivadora e cheia de histórias para contar.

Toda vez que vejo uma pessoa com uma atitude de fracasso, faço de tudo para abrir os olhos dela para uma realidade que não está tão clara, mas que existe: se ela mudar a atitude, os resultados vão mudar. Aprendi sobre isso logo que comecei na Oscar, naquele cenário em que entendi que teria mesmo de dar o melhor de mim para conseguir bater minhas metas. Eu me empenhei no trabalho na Oscar Calçados com todas as forças do meu ser, assim como quando eu precisava vender as coxinhas para a minha mãe.

Talvez você me diga: "Alexandra, mas aqueles eram outros tempos…" E se eu te contar que a base do que aplico até hoje nos meus negócios e nos treinamentos de vendas com meu time continua a mesma? Dar o melhor de mim sempre esteve relacionado a estabelecer a minha melhor conexão com o cliente. Essa base está toda apoiada em algo que continua em alta mesmo com inteligência artificial e toda a revolução tecnológica que entrou para ficar em nossa vida: as relações humanas. Ouso dizer que hoje elas estão até mais em alta, porque pouca gente faz questão dessa troca. Não dá mais importância ao olho no olho ou a ouvir a história de alguém. Vamos ficando menos humanos e perdendo os nossos diferenciais que estão justamente nessa irresistível arte de ter empatia, prestar atenção e se conectar de verdade com o outro. Eu não tinha nada além disso quando comecei. Uma das primeiras vendas em que entendi que vender não se trata de sorte – e que sorte era a responsável por uns 5% ou 10% da minha performance – foi para um senhorzinho bem simples que entrou na loja procurando "uma chinela".

Não me esqueço desse cliente, pois foi um dos primeiros que atendi. Ele era aquele perfil que a grande maioria dos vendedores torcia para não cair em sua vez. Certamente compraria sua "chinela", se não achasse muito cara, e iria embora sem gastar um tostão a mais. Era o que os vendedores chamavam de "cliente caroço". Mas eu estava chegando cheia de vontade de vencer e com zero preconceito. Eu só precisava identificar as necessidades dele. A lógica sempre foi essa, desde o dia em que zerei o estoque de guarda-chuvas da papelaria de Jacareí. Se eu soubesse do que o cliente estava precisando, conseguiria oferecer produtos que pudessem ser de seu interesse e fechar vendas.

Convenhamos, é fácil identificar a necessidade de uma pessoa que está desprotegida num dia de temporal. Mas e quando o que o cliente quer não está tão explícito assim? O jeito é perguntar. Como jeitinho, sem ser invasiva, aproveitando o gancho de uma boa conversa, eu dava um jeito de saber, e minha venda seguia para além de pegar no estoque o que o cliente pedia. Criava um caminho para me conectar e, assim, saber mais sobre ele e já oferecer outros calçados que pudessem ser interessantes.

"O senhor faz caminhada? Não? Mas precisa caminhar para ter saúde! Espere aí que eu tenho um tênis perfeito para o senhor começar a caminhar, porque não pode ser de chinelo, tem que ser um tênis que deixe o pé firme, com segurança."

Foi assim que o senhorzinho que foi comprar "uma chinela" saiu da loja com um tênis, para surpresa de todo o time de vendedores. Também deixei engatilhada a venda de um sapato social para o casamento do filho dele que, papo vai, papo vem, eu soube que estava próximo. Desci uma pilha de opções para que ele tivesse uma ideia dos modelos disponíveis na loja. "Vou mostrar, sem compromisso."

Mais um tipo de cliente que ninguém gostava de atender eram aqueles que já tinham fama de comprar nada. Era o caso de uma chinesa que praticamente não falava português. Segundo meus colegas, ela chegava na loja, pedia para ver alguns sapatos e depois desistia da compra. Um dia, ela caiu na minha vez e fui tentar entender o que ela procurava. Primeiro, ela me mostrou na vitrine o modelo que queria. Fui pegar no estoque para que ela pudesse experimentar. Trouxe do tamanho que imaginava ser o dela. Então, ao provar o sapato, ela me pediu: "Eu quelo sapato glande, glande!" Fiquei tentando decifrar o que ela queria dizer com aquilo, porque percebi que aquela chinesa não desistiria da compra se eu conseguisse entregar o que ela me pedia. Eu me esforcei para decifrar o que ela queria dizer com "sapato glande" e, enfim, matei a charada: ela queria comprar um sapato que fosse de um número maior do que o dela. Por algum motivo, a mulher gostava de usar sapato largo no pé! Quando eu desci do estoque com o modelo que ela me pediu, mas em tamanho maior, só faltou a chinesinha me beijar de tanta satisfação! Ela levou três pares idênticos e mais outros modelos. Fiz uma venda de seis pares no total. Quando aquela penca de vendedores me viu fazer uma pilha de caixas para a chinesinha, nem acreditaram. Chegaram a achar que eu estava de brincadeira!

Entendendo as necessidades de cada pessoa, olhando nos olhos e servindo com amor, fui conquistando uma boa clientela. Com isso, quase não entrava mais na vez. Era o dia inteiro cliente me procurando. Foi com essa habilidade humana e que todos nós temos em certo grau desenvolvida – cada um com sua personalidade e estilo – que meus números começaram a aparecer na Oscar e vi que o tamanho da minha comissão de vendas no final do mês não seria apenas uma questão de sorte. Com a minha atitude, eu poderia influenciar aqueles números.

UM VENDEDOR QUE NÃO ACREDITA NA SUA CAPACIDADE DE FAZER A DIFERENÇA SE MANTÉM FOCADO APENAS NAS **DORES DE VENDER**

CAPÍTULO 2

QUEM DERA A VIDA FOSSE SÓ **VENDER**...

Eu me tornei uma vendedora bem versátil, que atendia do senhor da "chinela" às madames da cidade. Alguns colegas as consideravam esnobes, outros achavam que eram exigentes demais. Já eu procurava encontrar algum assunto que me conectasse a cada uma delas. Afinal, estava ali para servir e vender muitos sapatos para quem fosse. Com uma, falava de filhos; com outra, tirava da manga a minha veia psicóloga. Assim, criava laços e tinha assunto com todas elas. As vendas, das quais eu não tirava o foco, eram uma consequência. Havia madames mais fúteis que só queriam ser servidas e ter o seu ego inflado, mas tive a chance de conhecer mulheres muito bacanas e generosas, como a doutora Nancy.

"Alexandra, você está tratando esse nódulo aí no seu pescoço?", ela me perguntou, assim, do nada. Fiquei com aquela cara de ponto de interrogação.

"Eu tenho um nódulo?"

Então, minha cliente me levou à frente de um espelho e me mostrou uma saliência:

"Está vendo aqui? Sou endocrinologista e trato muitas doenças na tireoide. Para mim é normal notar qualquer alteração no pescoço das pessoas. Faço esse tipo de exame todo dia nos meus pacientes. Você precisa ver o que é isso..."

Eu nunca tinha reparado naquele nódulo! Na verdade, minha vida era tão corrida que eu passava muito pouco tempo me olhando no espelho. O que vinha me incomodando há algum tempo era o fato de meus pés ficarem muito inchados ao longo do dia, a ponto de ter de cortar a barra da calça *skinny* que usava de uniforme para conseguir tirar. Eu também passava o dia cansada e ofegante, mas achava que era natural, já que atendia muitos clientes e subia e descia escada com caixas e mais caixas de sapatos o dia inteiro. Perguntei à doutora Nancy se uma coisa tinha a ver com a outra e ela me respondeu que sim, que eu estava correndo o risco de ter uma trombose. Ela estava tão preocupada comigo que me ofereceu uma consulta no consultório dela que ficava... adivinhe onde? Em Jacareí! Uma pessoa muito humana, a doutora Nancy. Eu aceitei. "E venha logo, porque trombose é muito sério e você corre o risco de ter de amputar a perna", ela me alarmou para que eu não deixasse passar. Marquei a consulta, fiz os exames e o diagnóstico foi uma alteração considerável na tireoide. O nódulo não era maligno – ufa-aa! –, mas estava tão grande que comprimia minhas cordas vocais. Estava explicado por que eu vivia rouca! Saí do consultório com uma receita de 12 comprimidos ao dia que... eu não tinha dinheiro para bancar. Mas Deus sempre mandou anjos na minha vida. Um colega comprava os remédios na conta que ele tinha na drogaria e eu ia pagando conforme juntava o dinheiro das comissões. Com mais aquela conta, eu tinha de vender mais do que nunca!

Depois de dois meses de tratamento, voltei ao consultório da doutora Nancy e recebi uma má notícia: os remédios não tinham surtido o efeito que ela esperava. Seria preciso entrar com uma medicação mais forte, que deixava uma radioatividade no meu corpo. Resumindo o quadro: eu teria de ficar isolada por dez dias, sem contato com ninguém. Não poderia ficar perto dos meus filhos, não poderia trabalhar.

Bateu o desespero. Como é que eu pagaria minhas contas se a maior parte do meu salário vinha das comissões? Não podia me ausentar da loja. Implorei por uma alternativa menos radical, mas não teve jeito. A doutora sabia o que era melhor para a minha saúde e não me deu escolha. Por sorte, na casa da minha mãe havia uma edícula que costumava ficar alugada – o que rendia um dinheiro a mais no orçamento da família – e justo naquele momento estava vaga. Combinei que moraria temporariamente ali, pagando aluguel para minha mãe, que não poderia ficar sem aquela renda. Pedi uma licença do trabalho e passei aqueles dez dias reclusa.

No final daquele período torturante de isolamento, eu realmente já percebia que estava melhor. Meus pés já não inchavam como antes e eu me sentia mais disposta. Corri para os braços dos meus filhos e de minha mãe. Em seguida, corri para a Oscar, com a garra dobrada. Meu medo era de que eles me dispensassem. Mas voltei com tudo e terminei o mês em terceiro lugar de vendas, mesmo tendo ficado dez dias ausente.

Eu achava que o pesadelo tinha acabado, mas comecei a notar uma quantidade fora do normal de cabelo que se acumulava na pia, no ralo do chuveiro e... no meu travesseiro, que amanhecia com aquele monte de fios. Meu cabelo começou a cair absurdamente. Eu também tinha ganhado cerca de dez quilos! Tudo por causa daquela medicação fortíssima. Estava no auge da minha juventude e completamente arrasada, não tinha mais autoestima. Só chorava. E ainda trabalhava com o público, portanto precisava me apresentar bem...

Minhas colegas da loja me aconselharam a fazer um corte Chanel mais curto no meu cabelo para disfarçar a queda. Também passei a tomar um monte de vitaminas e tudo o que me recomendaram para fortalecer os fios. Melhorou, mas meu cabelo nunca mais foi o mesmo. Nunca me esqueço do apoio de uma colega naquela fase. Em um dia que eu estava bem para baixo, a Meire – que não era muito popular entre os vendedores, pois já tinha sido rica, filha de fazendeiro, e eles a achavam esnobe – veio levantar minha moral voltando do almoço com um potinho de mousse de chocolate para me deixar feliz. Foi a primeira vez que comi mousse e amei que ela teve essa sensibilidade comigo.

Essa foi uma das fases mais difíceis no começo da minha vida profissional, pois eu tinha todas as razões para jogar a toalha e desistir. Eu vivia com problemas, um atrás do outro, como se estivesse tomando um caldo no mar. Vinha uma onda, me jogava para o fundo e, quando eu achava que estava recuperando o fôlego, outra onda batia e me fazia ralar na areia! Tanta dificuldade era suficiente para justificar uma queda de rendimento nas vendas, mas eu não desisti e corri atrás de bater minhas metas, ganhar meu dinheiro, sustentar meus filhos. Quando temos um propósito maior, somos capazes do impossível.

Conto a minha história porque sei que não sou a única vendedora que passou por problemas pessoais. Quem dera a vida fosse só vender, não é mesmo? Mas a vida vem junto com o trabalho – tudo acontece ao mesmo tempo. Talvez você esteja vivendo uma crise financeira, com dívidas a pagar. Pode ser que tenha alguma questão difícil de lidar no seu relacionamento amoroso. Ou esteja cuidando de um familiar que está doente... Para quem vive de comissão, o impacto de ter de lidar com essas questões que nada têm a ver com o trabalho, mas tiram o sono, é sempre grande. Qualquer problema que abale o nosso psicológico pode impactar nas vendas, nos resultados, porque não é fácil atender com um sorriso no rosto e energia quando sua vida está um completo caos! E, quando se trata de um problema de saúde ou de qualquer outra coisa que nos impeça de trabalhar, o drama se torna ainda maior, pois afeta diretamente o bolso. Como uma bola de neve, o problema só aumenta, pois ainda temos de lidar com as consequências de não receber comissão: falta dinheiro para colocar em casa, os boletos ficam atrasados e a dor de cabeça só aumenta.

Se você já passou ou passa por alguma situação parecida, eu sei o que está sentindo. Bater metas com problemas pessoais batendo na nossa porta é um desafio e tanto. E, quando a vida pessoal atrapalha, a pressão e a frustração por não vender crescem. Nessa realidade, a pressão por resultados é enorme. Que nunca sentiu? Metas cada vez mais ambiciosas e prazos mais apertados fazem a gente se obrigar a ser altamente produtivo e eficiente no trabalho.

Compreendo as pressões que você enfrenta diariamente, a necessidade de superar obstáculos e a frustração de ouvir um não como resposta. É natural que, diante das negativas, você se sinta desmotivado e questione suas habilidades. No entanto, é importante lembrar que cada "não" é uma oportunidade de aprendizado, uma chance de aprimorar suas estratégias e se tornar um vendedor ainda mais eficiente.

Que vendedor não sonha com um cenário perfeito? Já pensou que maravilha seria ter zero problema em casa e ainda poder vender um produto que os clientes desejam, cobrar um alto valor por ele e ganhar uma boa comissão, ter gente batendo na sua porta para comprar... Infelizmente o mundo ideal pode até existir em alguns momentos, mas é exceção. Muita oferta, muita concorrência, preço alto demais, clientes sumindo das lojas físicas... E ainda tem a economia do país, a globalização... Não faltam empecilhos para a meta ser batida. Mas arrisco dizer que os desafios pessoais são os que mais abalam nosso desempenho.

QUANDO TEMOS UM **PROPÓSITO** MAIOR, SOMOS CAPAZES DO **IMPOSSÍVEL**

O que eu costumo dizer, portanto, é que não dá para separar. Vida pessoal e profissional andam juntas. E os seus resultados dependem de sua resiliência e motivação. Quando as coisas não vão bem na vida pessoal, você sempre tem uma escolha a fazer. Ou se rende a todas as justificativas verdadeiras para não ter sucesso ou resiste e faz acontecer mesmo com a realidade jogando contra. Eu sempre escolhi a segunda opção, porque nunca pude me dar ao luxo de ficar com a primeira. Esse caminho nunca foi fácil, mas sempre valeu a pena.

Lembre-se de que, por trás de cada meta estabelecida, existe um motivo que vai além do aspecto profissional. Agarre-se àquele desejo de proporcionar uma vida melhor para si mesmo e para aqueles que você ama. É a busca incessante por conquistas que vão além do aspecto material que vai fazer você seguir quando a maioria desiste.

Sei bem o que você passa no seu dia a dia de trabalho, pois vivi na pele todo tipo de perrengue. E perrengue nada chique. Sofrido mesmo. Um dos meus propósitos com este livro é não permitir que você se deixe abater pelas dificuldades do caminho. Acredite no seu potencial, na sua capacidade de superação e na dedicação que você tem demonstrado em cada passo dado na direção de seus objetivos. É assim, encontrando força onde a maioria desiste ou tem preguiça que você sai da lista dos improváveis e passa a criar o seu valor e ampliar suas chances de sucesso.

CAPÍTULO 3

O VENDEDOR
"DESEMPODERADO"

Além de ter de lidar com as questões e dificuldades pessoais que, não tem jeito, a gente carrega para onde for, existem os altos e baixos que fazem parte do trabalho, típicos de quem está no *front* da área comercial. Sabemos que um ponto alto é fechar uma venda – e quanto mais momentos como esse um vendedor tem, mais empoderado ele fica, pois vai chegando mais de sua meta e seus sonhos. A energia até muda, não é mesmo? Parece que tudo conspira a seu favor.

Inversamente proporcional ao sentimento de satisfação e autoestima do sucesso de uma venda, temos o ponto baixo, que é a negativa de vendas. Ela que pode vir como "Ahhhh está muito caro", "Me procura no mês seguinte", "Volto depois", "Estou sem budget este mês", e por aí vai. Uma venda não concretizada – especialmente quando você se empenha, leva um tempão atendendo, dá o seu melhor, gastando lábia, negociando, buscando as melhores opções, preços... – dá mesmo a sensação de um balde de água fria.

O grande problema – cada vez mais comum – é que quem não consegue lidar com as emoções ruins de receber um "não" corre o risco de ir murchando a cada negativa que leva. Já vi muito vendedor entrar nessa vibração que o leva para baixo e passar a usar discurso derrotista: "Só me aparece cliente chato!", "Eu não dou sorte", "É um cliente caroço atrás do outro" e, ainda, passa a achar que vendedor que performa bem tem sorte. Apenas isso. Adotar um comportamento desse é gravíssimo, pois pode fazer você acreditar que de nada está valendo o seu esforço. Se o desânimo tomar conta, aí é que vai ser difícil mesmo vender. E desistir não pode ser uma opção para quem tem metas e sonhos grandes!

Analisando um pouco mais a fundo esse comportamento negativo de muitas pessoas que trabalham com vendas, arrisco-me a concluir que o imediatismo das redes sociais tira um pouco o espírito de persistência que deveria estar dentro de todas as pessoas que trabalham com metas. Passamos a nos acostumar – e talvez nos viciar – em prazeres imediatos, como o de rolar um *feed* de vídeos curtos e ficar ali se distraindo a ponto de não sentir o tempo passar. Já aconteceu com você? Pois então... Esses efeitos têm sido muito pesquisados hoje em dia. Um estudo, publicado na revista científica *NeuroImage*[1], por exemplo, explica que existem áreas do cérebro humano que são ligadas a um sistema de recompensa. Nesse sentido, aplicativos como o TikTok e o Instagram são responsáveis por ativar esse conjunto por meio dos seus vídeos e produzem uma sensação de satisfação momentânea. O mundo de hoje está cheio desses recursos tecnológicos que distraem e são capazes de tirar sorrisos do nosso rosto. E parece que o efeito colateral disso é ficarmos menos treinados para lidar com situações que levam tempo e não são tão agradáveis.

Quando se tem de lidar com algo mais difícil, respirar fundo, tentar de novo, aguardar a próxima vez – o que não vem imediatamente como um vídeo atrás do outro no feed –, ficamos impacientes. Muitas pessoas desistem fácil demais, diante do menor incômodo e passam a achar que é mesmo impossível chegar aonde querem. Elas estão sempre com uma justificativa na ponta da língua e um textão de defesas em pouca ação para reverter algo negativo a seu favor. É triste ver isso, porque é como presenciar pessoas jogando seus sonhos na lata do lixo, por acreditarem na ilusão de que "se não for para ser fácil e com sucesso o tempo todo, melhor nem tentar". Muitos vendedores não foram preparados para lidar com a rejeição constante que é parte do processo de vendas. A rejeição pode abalar a confiança e gerar uma sensação de fracasso, especialmente se o vendedor não tiver uma mentalidade forte para persistir. A resiliência é uma habilidade que precisa ser desenvolvida.

---

1 Fonte: Jornal da USP - https://jornal.usp.br/radio-usp/gratificacao-rapida-e-um-dos-fatores-que-podem-explicar-a-dependencia-das-redes-sociais/

MUITAS PESSOAS
DESISTEM FÁCIL DEMAIS,
DIANTE DO **MENOR**
INCÔMODO

Em paralelo ao insucesso nas tentativas de venda, há uma pressão por resultados que pode vir do chefe, da empresa, o que pode gerar ansiedade e frustração quando os resultados não vêm na velocidade esperada. Essa pressão pode levar a um ciclo de desânimo e desistência, quando não há recursos emocionais para lidar com esses momentos difíceis – principalmente quando ele não pode contar com uma liderança que lhe dê apoio e o suporte necessário de seus líderes para continuar motivados. Sem *feedback* positivo e orientações práticas, fica mesmo muito complicado ter a força mental ou as ferramentas necessárias para persistir nas vendas.

Diante desse cenário, vejo nascer e proliferar o perfil vendedor "desempoderado", que tem um comportamento prejudicial para quem quer bater metas. Aqui, algumas de suas características:

ACHA QUE ESTÁ ENRIQUECENDO APENAS O DONO DA LOJA.

Vejo essa como uma postura de negação da prosperidade para si mesmo e de visão. Afinal, ainda que a comissão de vendas não seja tão grande quanto o lucro de toda uma empresa, é esse dinheiro que fará com que seus sonhos se tornem realidade. É uma questão de mudar a mentalidade e perspectiva. Certa vez, o Oscar, dono da empresa, falou para os vendedores: "Todos vocês são meus sócios. Vocês têm 4% de todo o estoque dessa loja". Tomei aquela fala como verdade e a usei para aumentar ainda mais minha motivação. Eu chegava mais cedo e saía mais tarde. E, quando o mês estava ruim, dobrava o turno! Trabalhava das 10 da manhã às 10 da noite. Meu dia a dia na Oscar Calçados passou a ser cada vez mais próspero e acabei me tornando destaque de vendas.

PREFERE SENTIR-SE FRACASSADO A FAZER ALGO PARA REVERTER UM QUADRO RUIM DE RESULTADOS. E adota uma postura de autopreservação (para não se frustrar de novo...), e desiste antes mesmo de tentar. Como já criou sua profecia pessimista de que não adianta se esforçar, não se dá ao trabalho de mudar uma atitude e segue na linha do mínimo esforço. Não se conecta com o cliente, não se prepara para encontrá-lo levando as melhores opções de produtos ou serviços que oferece. Assim, deixa passar as oportunidades que estão embaixo de seus olhos. E então, como mágica, sua profecia de fracasso se torna autorrealizável. Mas não foi a mágica. Foi a falta de atitude e a falta de vontade para se mover que resultaram numa venda perdida.

FALTA DE UM PROPÓSITO MAIOR. Vendedores que estão focados apenas em metas financeiras ou em prêmios, e não em um propósito maior, tendem a sofrer e se abater mais com os momentos de poucas vendas. Sem uma motivação pessoal forte, como a vontade de ajudar o cliente ou melhorar suas habilidades em sua profissão, desistir se torna um caminho natural quando as coisas ficam difíceis. Eu acredito que todos nós temos a missão de servir, ou seja, de criar a melhor experiência para quem está ao nosso redor, fazendo tudo o que está a nosso alcance. Assim, quando você passa a executar seu trabalho com essa visão e intenção, os resultados aparecem.

NÃO CONFIA NA DIFERENÇA QUE PODE FAZER NA VIDA DO OUTRO. Um vendedor "desempoderado" não usa suas habilidades de venda, porque está tão sem fé em sua capacidade que acha que seu empenho não vale nada. Então, ele não usa o seu poder, pois não confia na diferença que pode fazer na vida do outro. Pior que isso – e acontece muito – se ninguém (seu supervisor, seu gerente...) lhe contou que a venda depende muito da atitude dele. Ele acredita simplesmente que não pode ajudar e que não sabe ajudar o cliente. Então, não se coloca como um especialista. A venda é um processo de relacionamento e construção de confiança. Enquanto um vendedor não entende isso, tende a desistir ao primeiro sinal de dificuldade e perde a chance de criar um relacionamento com o cliente, porque não houve o movimento para se conectar com ele.

Todos esses comportamentos são um bloqueio para a conexão que é a oportunidade de conquistar um cliente. Sem acreditar em seu poder de se conectar com o cliente, o vendedor se fecha em seu mundinho, leva os problemas de casa para o trabalho e deixa que eles tirem o seu foco daquele momento presente, em que deveria estar servindo e plantando atitudes que inevitavelmente levariam a vendas e à construção de uma carteira de clientes. Venda não é uma questão de sorte. É um trabalho intencional, que acontece todo dia. Vá por mim: não existe um atendimento que seja em vão se você souber aplicar a estratégia de servir e se conectar e não medir esforços para que a conexão esteja presente em todos os momentos do seu trabalho.

CAPÍTULO 4

O DIA DA **DECISÃO**

Todo vendedor está sujeito a se tornar "desempoderado". Alguns assumem essa personalidade para sempre, mas a grande maioria segue oscilando entre dias de maior confiança e dias de desmotivação total. Essa atitude, que em alguns momentos segue o caminho do sucesso, mas em outros se deixa levar pelas circunstâncias desfavoráveis, acaba trazendo um resultado aquém do seu potencial. E corre-se o risco de passar uma vida toda entre glórias e lutas, mas sem chegar a algum lugar bem melhor. O processo se torna lento, com muitas promessas de "dar certo" a longo prazo, mas que nunca se revertem em um mérito expressivo.

Nos meus primeiros anos como vendedora de calçados na Oscar, eu tinha muitos dias bons, porque realmente me esforçava, mas também havia dias em que me deixava abater. Eu sempre mantinha o foco em me esforçar, mas, nos dias em que a minha dura realidade – sem dinheiro, com dois filhos para criar, tratando uma doença complicada – ficava mais desafiadora, eu me desesperava. Não conseguia acreditar que poderia algum dia deixar esse contexto de escassez para trás definitivamente. Então, eu tinha dias de sucesso, me destacava na loja, mas nada acontecia para realmente me fazer acreditar que poderia dar um salto de abundância. Eu vivia mais na luta e no sofrimento. E, às vezes, passando na loja da Fiat, eu lamentava não ter tido a sorte de trabalhar ali. Por ser em minha rota de trabalho, muitas vezes, por muitos dias, eu passava em frente à loja, rumo à Oscar Calçados, e pensava: "Deveria ter sido aqui. Por que não deu certo? Do lado da minha casa, ganhando comissão de venda de carros...". Além desses pensamentos que não resolviam em nada meu problema, vinham muitos revezes e... autossabotagens. Foi assim até o que eu chamo de dia D, o dia da decisão.

O caminho para o tal dia começou de maneira completamente inesperada. Meu irmão começou a namorar uma professora do colégio adventista. Em certa ocasião, por indicação dele, essa namorada apareceu na loja, junto com a diretora da escola. Eu as atendi com toda a excelência de costume e em uma situação de vendas para a qual todo vendedor de loja torce o nariz: troca. Dificilmente alguém é bem tratado por um vendedor que só está de olho na comissão. Uma troca pode significar perda de vez e trabalho não remunerado, ocasionado pela venda malfeita de algum colega. Eu atendi como se elas fossem sair da loja com caixas e mais caixas de sapatos. Ganhei com isso a simpatia das duas, que saíram da loja só elogios.

Soube mais tarde que minha cunhada, a professora, contou minha história para a diretora da escola. Ela ficou comovida e, ao saber que as crianças ainda não estavam na escola, me fez um convite: ofereceu bolsa de estudos para os meus dois pequenos. Imagine a minha alegria! Uma oportunidade impensável nas minhas condições em que não sobrava um real sequer. Para você ter uma ideia, tive de assinar umas promissórias para poder comprar o uniforme da Thereza e do Jean.

Para o primeiro dia de aula, providenciei antecipadamente um pacote de bisnaguinhas, aqueles pãezinhos macios que comprei com meu último dinheirinho guardado, para colocar na lancheira das crianças. Guardei o pacote na cozinha de casa e, quando fui procurar... cadê? Tinha sumido! Fiquei procurando em todos os lugares possíveis, à espera de um milagre, mas só vi a embalagem vermelha de bolinhas coloridas no lixo. Coisa que acontece em casa de família com muita gente. Eu teria tirado de letra em outra situação, mas, naquele momento de primeiro dia dos meus filhos na escola, eu queria que tudo saísse perfeito. Fiquei desesperada. Eu não tinha mais nem um centavo, não tinha cartão de crédito, tinha vergonha de pedir para o vizinho... Parecia uma louca, estava morrendo de raiva de terem comido todo o lanche! Só havia uma cena na minha cabeça: meus filhos chegando àquela escola de elite sem lanche, logo no primeiro dia. Eu seria julgada, eles seriam olhados com diferença pelos amigos... Bateu uma insegurança absurda e um senso de proteção materno. Diante daquela situação, olhei para os meus dois pequenos, que já estavam bonitinhos e cheirosos, animados com o primeiro dia de escola, e disse: "Hoje vocês não vão à escola". Expliquei que o motivo era a falta de lanche. Prometi que no dia seguinte eu providenciaria.

Então, a Thereza, que tinha 5 anos, pegou uma embalagem de margarina em que havia algumas bolachas de água e sal amolecidas de tanto tempo que estava ali e me disse: "Mamãe, a gente pode levar esta". Vendo a vontade deles de ir para a escola, acatei a sugestão com o coração partido e embalei num guardanapo aquela bolacha velha para mandá-la de lanche.

Aquele foi o pior dia da minha vida. Acho que, enquanto era só eu que sofria os impactos da nossa realidade dura, eu segurava a onda. Pegava ônibus tarde da noite, ficava exausta e vida que segue. Quando vi que a situação estava respingando nos meus filhos, bateu um sentimento de indignação, de vergonha, de impotência. Deixei os dois na escolinha e voltei. Entrei no chuveiro para poder chorar à vontade.

Foi nesse dia que eu tive a minha experiência com Deus e a conversa mais sincera com Ele. Este foi mais ou menos o meu desabafo: "Deus, enquanto era comigo, tudo bem, mas hoje foi demais para mim. E eu não tive saída, você sabe disso. Não tinha dinheiro para ir ao mercadinho... Só tinha o meu vale-transporte. E, se alguém quisesse comprar, eu venderia e iria para o trabalho a pé, para garantir o lanche dos meus filhos. Mas hoje eles vão passar vergonha na escola, porque vão estudar com alunos que têm um poder aquisitivo muito maior... Não quero ser reclamona com você, Deus, mas não tenho ninguém para me ouvir... Prometo que esta é a última vez que eu estou murmurando, porque sei que você vai dar um jeito, que vai me ajudar. Você sabe que eu não tenho preguiça, Deus, mas não admito mais essa situação. Quero uma mudança. A minha vida só anda em círculos. Para mim, basta."

Terminei de falar e me senti mais calma, com paz no meu coração. Eu estava amparada pela Providência Divina. Fui trabalhar tranquila e, nesse dia, vendi superbem. Aquele foi o meu Dia D, meu Dia da Decisão, porque foi quando transformei a minha mentalidade definitivamente. Posso dizer que o grande responsável foi algo visceral: o meu instinto materno, de proteção – só mesmo isso para fazer a gente mudar em um grau tão profundo. Parei de aceitar o sofrimento e adotei uma nova postura de merecimento. Os desafios não acabaram, mas eu estava mais forte, mais confiante e mais inabalável. Porque ninguém para uma mãe motivada pelo amor que sente por seus filhos.

PAREI DE ACEITAR O SOFRIMENTO E ADOTEI UMA NOVA POSTURA DE **MERECIMENTO**

CAPÍTULO 5

TRANSFORME SEU PROPÓSITO EM ENERGIA E USE PARA SERVIR

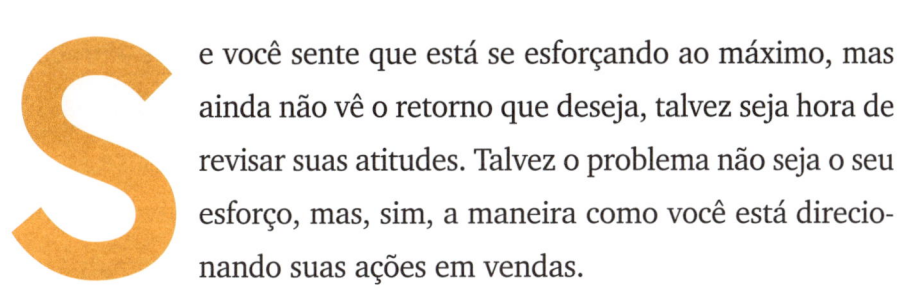

Se você sente que está se esforçando ao máximo, mas ainda não vê o retorno que deseja, talvez seja hora de revisar suas atitudes. Talvez o problema não seja o seu esforço, mas, sim, a maneira como você está direcionando suas ações em vendas.

Muitas vezes ficamos tão focados em trabalhar mais que nos esquecemos de refletir sobre o que realmente está nos impedindo de alcançar nossas metas. O ajuste que proponho é a base da metodologia que considero vencedora. Ele consiste em usar dois ingredientes que são a base do sucesso em vendas: seu propósito de vida e o seu servir.

Desde aquele meu Dia da Decisão, eu me transformei como vendedora e ajustei o meu propósito de vida. Decidi que, daquele momento em diante, não desanimaria e estaria sempre pronta para um novo desafio e um novo dia, mesmo que o ontem tivesse sido ruim. Me dediquei muito desde então. O que minha decisão provocou em mim foi uma mudança de mentalidade. Antes, eu era mais vulnerável e, justo nos dias em que minha vida pessoal estava de cabeça para baixo, eu ainda tinha pensamentos como: "Só falta agora eu vender mal!". A partir daquele Dia D, virei o jogo e, quando estava tentada a cair no desespero por algum problema pessoal, passando por uma necessidade financeira ou arrasada por trabalhar duro e não ter tempo para curtir minha família, eu pensava nos meus filhos e dizia para mim mesma: "Não, eu não vou sabotar minha mente, vou acalmar o meu coração. O Senhor vai prover e vai me preparar os melhores clientes. Eu estou aberta. Eu estou aqui. Que eu seja instrumento para trazer solução para pessoas." Dessa maneira, eu me reconectava com meu maior propósito de vida e me colocava como instrumento para ajudar quem cruzasse o meu caminho. Essa maneira de encarar o meu trabalho foi a chave que abriu as portas da abundância em minha vida.

O segundo ponto fundamental da metodologia está intimamente ligado ao servir. Explico. De um lado há você, vendedor, que tem uma necessidade pessoal e está ali para bater as metas que o levarão a suprir suas necessidades.

A NATUREZA HUMANA AGE INSTINTIVAMENTE PARA EVITAR A REJEIÇÃO. LOGO, É PRECISO **VENCER** ESSE BLOQUEIO PARA SE TORNAR UM BOM VENDEDOR

O problema é que muitas vezes você já inicia o processo de vendas com uma desconexão: o medo do "não". A natureza humana age instintivamente para evitar a rejeição. Logo, é preciso vencer esse bloqueio para se tornar um bom vendedor. E o primeiro passo para isso é criar um movimento que gere conexão, aproximando você do cliente.

Do outro lado, há o cliente, que também tem uma necessidade pessoal. Ele quer comprar um determinado produto, porque tem um desejo, algo que quer suprir por meio desse produto. Às vezes, ele nem sabe exatamente o que quer e é aí que o vendedor entra. Você sempre tem a chance de se conectar a fazer uma boa venda quando se importa com o outro e isso se resume em uma palavra: servir.

Sendo assim, temos:

PROPÓSITO

+

SERVIR

=

SUCESSO DE VENDAS

O seu propósito é o que vai dar o gás para persistir, seguir, ter resiliências, trabalhar duro. E, na hora de vender, é se despir de tudo isso e focar no outro, servindo. São dois movimentos: o da energia para fazer e a da conexão para servir. Então, automaticamente o resultado reverte para você.

A partir disso, tenho algumas perguntas a fazer:

VOCÊ SABE EXATAMENTE QUAL É O SEU PROPÓSITO?
Dar o melhor para os seus filhos, ajudar sua família, comprar uma casa, ter liberdade financeira, conhecer o mundo, viver em paz e com dignidade...

O QUE É MAIS IMPORTANTE NESTA VIDA PARA VOCÊ?
Aí está o seu propósito. A falta de clareza nisso pode ser um grande sabotador. Se você não sabe qual é o motivo pelo qual acorda todos os dias e vai trabalhar, como vai ter força e determinação quando as coisas não vão bem?

Um propósito claro funciona como energia para o trabalho.

SERÁ QUE TODAS AS SUAS ATITUDES ESTÃO FOCADAS NO SERVIR? QUANTAS VEZES VOCÊ PASSOU O DIA VENDENDO, MAS NO FINAL PARECE QUE NADA MUDOU?
Trabalhar duro não é o suficiente. Você precisa trabalhar com inteligência e intencionalidade, sempre com foco em servir. Servir seu colega, servir seu chefe e, principalmente, servir seu cliente. Mesmo quando uma venda não é concluída, se você atendeu um

cliente com foco no servir, todo o seu trabalho não foi em vão. Uma semente foi plantada e aquela pessoa não vai esquecer. Então, avalie se as atitudes que você realmente prioriza ao longo de um dia de trabalho estão focadas em servir, aproximando você do seu objetivo ou... você está apenas fazendo o que lhe mandam sem se envolver de verdade, sem se conectar com as pessoas, sem querer fazer a diferença.

É a sua ação que vai mudar tudo. A venda irresistível tem olho no olho, tem empatia, tem o servir. Vender no mais alto grau é se conectar genuinamente com o outro. Quando você deixa de olhar a pressão para bater a meta e passa a olhar para o seu propósito, todos os movimentos que você faz funcionam como um estímulo. E, se você encara vender como ajudar, sempre vai se superar no seu servir. E isso é irresistível.

A Oscar tinha de 25 a 30 vendedores. O que me diferenciava, sendo que todos nós tínhamos os mesmos produtos, o mesmo ambiente, a mesma sorte de atender uma pessoa com potencial de comprar muito ou alguém que só tinha dinheiro mesmo para um par de sapatos... enfim, e as mesmas oportunidades? A única resposta que tenho é que eu servia os clientes, me conectava com eles e tinha prazer nisso. Estava sempre disponível, pronta para entregar o meu melhor, em qualquer hora e lugar. Isso foi fazendo com que eu me tornasse um fenômeno em vendas, imparável. Quando achavam que eu tinha tudo para desanimar, lá estava eu com gás total. Foi assim quando a vida me testou mais uma vez, me fazendo sentir uma das piores dores da minha vida.

É A **SUA AÇÃO** QUE VAI MUDAR TUDO. A VENDA IRRESISTÍVEL TEM OLHO NO OLHO, TEM EMPATIA, TEM O SERVIR.

Minha mãe era quem cuidava dos meus filhos, que já estavam com 8 e 9 anos. Nunca vou me esquecer da cena que sempre se repetia: eu chegando do trabalho e os três ajoelhados, orando, um pouco antes da hora de as crianças irem para a cama. Era lindo ver o amor dela pelos netos, e até hoje meus filhos têm esse hábito da oração, do jeitinho que aprenderam. Aquela cena me tocava muito. Eu era muito grata por poder ir trabalhar tranquila sabendo que meus filhos estavam sob os seus cuidados. Então, uma notícia tirou o meu chão. Mamãe descobriu um câncer devastador. Ela não tinha convênio, e, em dois meses de muito sofrimento para mim e para todos os meus irmãos, ela faleceu. Foi uma dor imensurável. Mesmo com o coração em pedaços, segui em frente no trabalho e não tenho dúvida de que a combinação de propósito forte + ação para o servir foi o que manteve meu rendimento em alta, mesmo quando o chão parecia abrir embaixo dos meus pés.

O MÉTODO M.E.T.A.

Minha forma de trabalhar me ajudou a me tornar ponta de vendas na Oscar Calçados até que a empresa abriu uma franquia da Arezzo. A loja, muito mais *fashion* que a Oscar, não era a minha cara. Pelo menos foi o que me disseram. Apesar de ser uma ótima vendedora – e ter estabelecido minha conexão genuína com muitas clientes madames –, o perfil das vendedoras era no estilo modelo. Faziam parte do time uma loira parecida com a Adriane Galisteu, uma morena estonteante e uma negra maravilhosa. Eu não tinha nada de moderna, estava fora do peso, não tinha a menor chance de fazer parte do quadro. Mas nada como o tempo.

O time digno de capa de revista não estava performando e, então, a Elaine, que era a gerente, sugeriu o meu nome. Segundo ela, se havia alguém que tinha papo com toda mulher que comprava Arezzo, esse alguém era eu. Ganhei um banho de loja, fiz um corte moderninho no cabelo, passei a usar um uniforme bacana e comecei minha temporada como vendedora *fashion*. A conexão que eu já estabelecia com as clientes fez toda a diferença e, logo, a Arezzo começou a dar resultados melhores. Naquele momento eu até fui sondada por outra loja de calçados do shopping, que vendia para o público masculino. Mas recusei a proposta. Sempre fui boa de analisar o mercado e muito criteriosa nas minhas escolhas, pois tinha dois filhos para criar e, naquele momento, havia acabado de realizar meu sonho de comprar um lindo carro Palio de quatro portas. Com ele, veio um carnezão de 48 prestações que eu tinha de honrar. Não dava para trocar o certo pelo duvidoso. Permaneci no grupo da Oscar Calçados, que seguia em expansão, e foi a melhor coisa que fiz. Os meus resultados na Arezzo me levaram ao cargo de gerente de loja e, mais tarde, de supervisora. A partir do momento em que assumi uma equipe – ou mais de uma –, tive de aprender a liderar. E o ponto mais importante desse desafio era ajudar os vendedores a performar tão bem quanto eu, pois seria dali que viriam os resultados. Dessa forma, passei a orientar todos do meu time com as minhas estratégias para bater metas.

Com o passar dos anos, entendi que havia algumas atitudes que sempre se repetia em minha rotina como vendedora e resultaram no que, hoje, chamo de método M.E.T.A. Nos capítulos a seguir, explico cada letra desse acróstico, usando exemplos dos meus tempos de Oscar Calçados, que foi quando essa metodologia surgiu e se tornou a base para que transformasse meu destino, rompesse com as improbabilidades e tornasse possível a Alexandra que sou hoje.

M ovimento para conexão genuína com o cliente

E scutar atentamente para entender as dores e necessidades do cliente

T ransformar a necessidade do cliente em solução

A companhar continuamente no pós venda para fortalecer a relação e fidelização

As quatro atitudes fundamentais do método M.E.T.A. são usadas por mim há mais de 30 anos e estão mais atuais do que nunca. Em tempos de inteligência artificial e um crescimento exponencial das interações com robôs, a conexão humana ainda é o diferencial fundamental em vendas. Na maior feira de varejo mundo, a NRF 25 Retail's Big Show, que aconteceu em Nova York em janeiro de 2025, um dos assuntos mais discutidos foi como criar conexões reais e transformar a experiência do cliente na loja física. Isso porque as grandes marcas entenderam que, para atrair e fidelizar o consumidor, não basta vender um produto – é preciso criar momentos que realmente envolvam, emocionem e encantem.

Usar a inteligência artificial para entender as preferências do cliente e oferecer um atendimento excepcional é extremamente importante, mas o toque humano continua sendo o grande diferencial. A experiência precisa ser memorável e criar uma conexão além da compra. Para isso, é necessário olho no olho e o uso habilidades humanas como empatia, intuição, capacidade de criar confiança. Um bom vendedor não empurra um produto, ele ouve, entende e resolve problemas. O cliente quer se sentir especial e reconhecido, não apenas atendido por máquinas.

Então, não tenha dúvidas de que vendas são consequência de conexões bem-feitas. O futuro do varejo está na experiência e no relacionamento, porque um cliente encantado não só compra – ele volta e ainda indica para os outros. Você vai aprender nos capítulos a seguir como fazer isso com excelência e resultados.

VENDER NO MAIS
ALTO GRAU É
SE **CONECTAR**
GENUINAMENTE
COM O OUTRO

CAPÍTULO 6

M DE MOVIMENTO
PARA CONEXÃO
GENUÍNA
COM O CLIENTE

Quando um vendedor está com o foco apenas na venda, e não no cliente, é como se os interesses dele estivessem todos voltados para si mesmo. Ele está preocupado com a meta que tem de bater, pensando nas contas que tem para pagar ou no que quer comprar com o dinheiro da comissão. No momento da venda, até se relaciona com o cliente, mas de maneira superficial. Na verdade, não está interessado na pessoa nem no problema que ela precisa resolver. Ele só quer saber mesmo se vai vender ou não. Ponto final. Essa postura não gera conexão.

Na metodologia M.E.T.A., o primeiro passo para o servir consiste em um movimento intencional de se conectar com o cliente, isso porque, quando você tem interesse genuíno e intencional, consegue estabelecer uma relação. É claro que essa atitude tem de ser dosada – e não forçada. Em relações humanas, não existe uma fórmula única, padrão, engessada. Por isso, cada vez que você procurar se conectar com o outro, precisa perceber qual é o grau de proximidade que pode estabelecer. Quanto o cliente deixa que você se aproxime? Ele permitiu intimidade para você chamá-lo pelo apelido? Vejo muitos casos em que o vendedor não entende o que é fazer o movimento de conexão e, como dizem, "força a amizade". Conectar-se com o cliente não é parecer íntimo sem ser, não é virar amigo, nem ter liberdade para fazer piadas. O mais importante de estabelecer esse elo está diretamente ligado ao servir. A atitude de você se colocar à disposição do outro para ajudá-lo da melhor forma que puder, isso é, sim, um passo consistente para estabelecer uma conexão.

Qual é a intenção de criar esse vínculo? Gerar confiança, mostrar ao cliente que ele pode contar com você para o que precisa, pois você fará o possível para resolver o problema dele. Quando você quebra o gelo e cria essa abertura, acaba sabendo exatamente o motivo de uma compra, o que leva você a trazer possibilidades de produto – pois nem sempre aquilo que o cliente procura é o melhor para o que ele precisa –, então você pode surpreender positivamente com algo que ofereça. Outro benefício é poder incrementar a venda com mais itens que sirvam para resolver aquele problema. Uma vez que o cliente perceba que foi beneficiado ao permitir essa conexão, ele certamente voltará a procurar você quando precisar de outros produtos. Dessa forma, estabelecer uma conexão é como se fosse criar um caminho multiplicador de possibilidades de venda.

O Movimento para Conexão Genuína com o Cliente tem como objetivo estabelecer uma conexão verdadeira com o cliente desde o primeiro contato. E se resume nestas ações:

- Cumprimentar com um sorriso caloroso, olhar nos olhos, fazer com que ele se sinta bem-vindo!
- Utilizar uma abordagem personalizada. Perguntar o nome do cliente, sendo autêntico e se interessando de verdade por ele. Mostrar que você se importa e quer ajudar, não apenas vender.
- Usar um tom de voz calmo e acolhedor, que transmita simpatia e disponibilidade.
- Cuidar de sua linguagem corporal. Se estiver presencial ou por vídeo, mantenha uma postura aberta, sorria e faça contato visual.
- Usar técnicas de *rapport* para criar um ambiente de confiança e conforto:

    — Espelhamento: Refletir sutilmente a postura, o tom de voz e o ritmo de fala do cliente. Se o cliente fala mais pausadamente e de forma calma, ajuste seu ritmo de fala para um tom mais calmo e acolhedor; se ele está animado e gesticula ao falar, adote uma postura mais dinâmica e envolvente. Encontre uma oportunidade para fazer um elogio genuíno, pois elogios sinceros criam uma atmosfera positiva, ajuda o cliente se sentir valorizado e aumenta a confiança na sua opinião.

– Fazer perguntas sobre seus interesses, hobbies e preferências. Chamar o cliente pelo nome durante toda conversa.

– **Praticar a empatia:** tentar ver as coisas da perspectiva do cliente e mostrar compreensão pelas preocupações dele.

– **Ser útil:** se um cliente para e pede uma ajuda ou informação, dê a informação completa, ajude em todos os detalhes, sem esperar uma venda imediata.

Esse Movimento de Conexão Genuína com o Cliente foi essencial em diversos momentos da minha trajetória.

Certo dia, fui surpreendida com uma nova proposta: a de ser gerente da loja de bolsas Victor Hugo, a mais recente aposta da empresa. Eu não seria a primeira. Antes de mim, houve outra, na qual foram apostadas muitas fichas. A mulher era fina, sofisticada e, portanto, acreditava-se que ela se conectaria perfeitamente com as clientes. Não foi o que aconteceu. Em vez de criar uma ligação e ganhar a simpatia das madames, dizem que ela acabou ofuscando as clientes. Parece que não teve a sensibilidade de deixá-las brilhar. Na minha leitura, ela tinha todo o potencial de conexão, pois falava a mesma língua que suas clientes, era do mesmo contexto social, mas o que faltava era justamente a postura de servir, que requer humildade.

Sem conexão, nada de vendas. E foi assim que meu nome novamente surgiu na reunião da cúpula da empresa. Veja só, o Movimento de Conexão Genuína com o Cliente me abriu mais uma porta. E uma porta glamourosa! "Eu sei que você consegue dar um jeito na Victor Hugo, Alexandra", me disse a supervisora de vendas. Àquela altura, eu estava com o visual repaginado, e a Arezzo, com minha ajuda, era sucesso. Então, ela continuou: "As madames amam você. A gerente atual não sabe se conectar com elas. Estamos tendo até reclamações. Eu sei que, com seu jeitinho, você fica horas ouvindo as histórias delas e elas adoram." E eu era assim mesmo, sempre estava aberta a ouvir e a entender quais eram os assuntos preferidos. Se o tema era uma nova sorveteria chiquérrima, eu perguntava mais, pedia dica de qual sabor tomar, mesmo sem ter dinheiro para me dar ao luxo de tomar um sorvete tão caro. Assim, conversa vai, conversa vem, construía meu repertório e sempre tinha assunto.

O convite oficial chegou e eu aceitei, claro. Logo nas primeiras semanas, me colocaram em uma imersão no mundo Victor Hugo. Me enviaram para o Rio de Janeiro, onde conheci a fábrica da marca e a primeira loja, em Ipanema. Depois fui a São Paulo, para receber treinamento na loja que mais vendia, no Shopping Center Norte. Passei a devorar revistas Vogue para entender tudo o que podia daquele mundo de alto luxo, saber o que era Prada, Hermés, Gucci... Com essa imersão, fiquei cheia de ideias. Mas o meu foco mesmo foi construir a conexão com as clientes da Victor Hugo, que eram um público novo para mim.

Eu tinha quatro vendedores no time e, em vez de contratarem uma quinta pessoa, meus superiores me fizeram a proposta de ser uma gerente-vendedora, que atenderia apenas quando os demais estivessem ocupados. Achei aquilo complicado, porque não queria me indispor com minha equipe. Mas eu não tinha muita escolha e acabei assumindo essa função, com a aceitação da minha equipe, que era muito especial. Todos transbordavam amor, e a gente se ajudava muito. Esse meu contato direto com as clientes foi formando na minha mente um perfil mais claro de quem elas eram, o que queriam, quais os seus anseios. Entendi que muitas não estavam felizes com o próprio corpo e, assim, em vez de comprar roupas, investiam em bolsas. Havia também muitas decepcionadas com o casamento. Sempre aparecia uma ou outra precisando desabafar, pois tinha descoberto uma traição do marido. Havia cliente que passava a tarde na loja tomando um café espresso (fiz questão de termos uma máquina), champanhe (que sempre tinha na geladeira) e comendo jujubas ou casadinhos deliciosos de uma fornecedora maravilhosa que eu havia descoberto. Eu estava ali como ouvinte, para servi-las e fazer o que fosse possível para deixá-las mais felizes. Depois de chorar as mágoas, elas saíam da loja cheias de sacolas.

Quanto maior a conexão, mais ideias eu tinha. Certa vez, armei um coquetel para o lançamento de uma linha de óculos e contratei um fotógrafo, com a promessa de que elas sairiam na coluna social de uma revista badalada da cidade. Foi desafiador incluir tanta fotinho naquela página!

A loja começou a ter um diferencial, justamente pelo vínculo que conseguimos criar ali com as clientes. Minha equipe foi ficando muito boa, e o crescimento das vendas foi contínuo. Quanto mais entendíamos as clientes, mais vendíamos. Em um único lançamento de uma coleção de bolsas exclusivas bordadas à mão, vendemos 45 peças numa tarde, com ticket de vendas exorbitantes!

A uma certa altura, percebi que muitas das nossas melhores clientes tinham uma vida boa, mas vazia, se sentiam sozinhas e estavam com a autoestima baixa. Então, tive uma ideia: contratar a palestrante Leila Navarro, que estava fazendo o maior sucesso naquela época com seu conteúdo que elevava o moral da mulherada. Fiz a proposta para os meus chefes: "E se a gente fizesse um evento que vai movimentar a cidade?". "Lá vem a Alexandra louca, com suas ideias mirabolantes", diziam. No final, acatavam, pois confiavam no meu *feeling*. Daquela vez, o Oscar não teve nem de pagar a palestrante, porque consegui o patrocínio do cartão Visa. A Leila entrou no palco com o cartão nas mãos, recomendando que todas pagassem com Visa. Depois fez uma apresentação fantástica, sucesso absoluto, que trouxe muito empoderamento para as clientes.

Com o sucesso de vendas da loja, toda vez que eu ia fazer compras, meu pedido era de um valor muito alto. A diretoria dizia que minha compra equivalia ao preço de um apartamento cobertura! Eu rebatia: "Vocês compram uma cobertura e eu devolvo o valor de três daqui a uns meses!" Claro que eu sentia um frio na barriga por fazer um pedido de valor tão alto, mas conhecia meu público e sabia que elas comprariam tudo. O estoque girava muito rápido. A conexão que estabelecemos fez muito mais mulheres sentir o desejo de ter uma bolsa Victor Hugo, de ser nossas clientes, nossas amigas. Elas queriam frequentar a loja e ser convidadas para nossos eventos, que sempre eram criados sob medida. Ora com um mágico bonitão, ora com um cantor lindo cantando MPB, a gente transformou a loja Victor Hugo numa campeã de vendas.

ESTABELECER UMA **CONEXÃO** É COMO SE FOSSE CRIAR UM CAMINHO MULTIPLICADOR DE POSSIBILIDADES DE VENDA

CAPÍTULO 7

E DE ESCUTAR
ATENTAMENTE PARA
ENTENDER AS DORES
E AS NECESSIDADES
DO CLIENTE

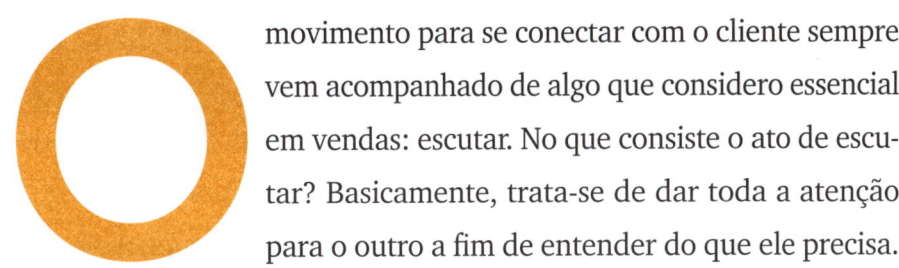

O movimento para se conectar com o cliente sempre vem acompanhado de algo que considero essencial em vendas: escutar. No que consiste o ato de escutar? Basicamente, trata-se de dar toda a atenção para o outro a fim de entender do que ele precisa. Para isso você precisa calar e ouvir, mas também mostrar interesse por aquilo que a pessoa diz. Dessa forma, ela vai se abrir mais e dizer exatamente o que quer. Por exemplo, uma pessoa que quer comprar um carro tem necessidades específicas de uso e funcionalidades. Ao ser capaz de ouvir, você conseguirá saber quais características são as mais importantes para ela. Talvez a pessoa precise de um carro grande e não se importe tanto se ele tem alto desempenho. Talvez queira um carro luxuoso, que lhe dê *status*. Quanto mais você absorve o que o cliente precisa, maiores as suas chances de servir bem e fechar a venda.

Corremos o risco de "pular" essa fase da venda quando achamos que já sabemos tudo sobre o cliente. Pela minha experiência, o segredo é fazer o oposto e acordar todo dia com abertura para aprender e entender do que a pessoa precisa. Isso torna você um vendedor mais versátil, capaz de atingir resultados nos mais variados segmentos, com diversos tipos de clientes.

Eu estava em um ótimo momento profissional no grupo Oscar Calçados. A loja Victor Hugo, da qual eu era gerente, tinha virado a galinha dos ovos de ouro da empresa, que seguia em crescimento, abrindo mais lojas. Com isso, passei a me destacar mais ainda, a ponto de o Oscar me chamar para ajudar na compra de bolsas para as lojas da Oscar Calçados. "É uma oportunidade para você aprender sobre compras", ele me disse. Topei, mesmo sem ganhar nada a mais por isso.

O grupo também comprou duas franquias de uma marca de vestuário, a Colcci, e uma delas ficava no mesmo shopping em que eu gerenciava a Victor Hugo. O problema da nova aquisição era a equipe. Quando havia festas rave na cidade, ninguém aparecia para trabalhar no sábado. Eram todos jovens, descolados, como o perfil da marca pedia, mas nada comprometidos. Queriam curtir a vida. Em dias em que ninguém dava as caras, o Oscar me pedia para dar um jeito. E lá estava eu com algumas vendedoras da Victor Hugo, de terninho preto, atendendo os clientes da Colcci. Acabei acumulando a função de supervisora daquela loja. Ganhei autonomia para contratar uma nova gerente que seguia o perfil da marca, mas que tinha mais responsabilidade. Também passei a viajar para Santa Catarina, onde ficava a fábrica, para fazer as compras. O ponto alto do glamour foi assistir ao desfile da Colcci, da qual a supermodelo Gisele Bündchen era a garota propaganda, na Fashion Week de São Paulo. Ao final do show, estava lá eu, no camarim, brindando com Gisele o sucesso da coleção.

Conforme a rede Oscar Calçados crescia a todo vapor, eu cresci junto e cheguei ao mais alto cargo que poderia ter naquela empresa: fui promovida a supervisora das franquias e lojas, coordenando todos os gerentes.

O sucesso profissional se refletia na vida pessoal. Além de um bom carro na garagem, consegui, enfim, comprar um apartamento do jeitinho que eu queria: com um quarto para o Jean, um quarto para a Thereza e uma suíte para mim. Meus filhos estudavam em uma boa escola e, apesar de eu trabalhar muito, pois ainda tinha muita parcela de apartamento e carro para pagar – e me sentir muitas vezes culpada por não estar tão presente na vida dos meus adolescentes –, tudo estava entrando nos eixos, e aqueles tempos de escassez ficavam para trás.

Eis que minha filha passa na faculdade de medicina, o que foi motivo de orgulho enorme! A faculdade, no entanto, também vinha com uma mensalidade pesada e os custos da república. Encarei. Deus havia de prover. Dei entrada em um financiamento do governo e segui na luta. Um ano depois, descubro que o Jean também tinha passado em medicina. Digo "descubro" porque meu filho, vendo o sufoco pelo qual eu estava passando para pagar a faculdade da Thereza, achou melhor "deixar para lá". Quando eu soube, fiquei feliz da vida, mas também apreensiva. Por mais que quisesse – e por mais que ganhasse bem –, eu não tinha como bancar mais uma faculdade de medicina.

Então, a vida se encarregou de me apresentar uma oportunidade: a de ser gerente de uma nova loja em… Angola! A proposta financeira era boa. Eu ganharia em dólares, e aquela seria a solução para pagar os estudos dos meus filhos. Assim, saí da minha recém-conquistada zona de conforto e fui para essa aventura de morar em Angola.

Cheguei cheia de expectativas e logo caí na real: viver naquele país era bem mais desafiador do que eu pensava. Trânsito caótico, falta de segurança – a ponto de não ser um luxo ter um motorista para me levar ao trabalho, pois o risco de uma mulher ser violentada era grande. O saneamento também era precário, e a disparidade social era absurda: ou você era muito rico e morava numa mansão ou não era e tinha de viver em lugares bem ruins. Eu ganhava bem, mas não estava na casta. Então, tive de me contentar com um apartamento em que havia baratas gigantescas!

A grande loja que fui gerenciar teria roupas, acessórios e tudo que se possa imaginar. Os contêineres de importação chegavam com uma variedade de itens aleatórios que era preciso selecionar. E havia roupas provenientes do Brasil, das confecções do bairro do Bom Retiro, em São Paulo. Tive desafios de liderança que começaram com a seleção de funcionários para a abertura da loja. Os candidatos a vendedor eram, em geral, pessoas muito simples, que não tinham acesso a tratamento dentário – muitos não tinham todos os dentes –, não tinham hábitos de higiene e muitos não eram confiáveis, levavam mercadorias para casa. Cheguei a achar itens de lingerie escondidos dentro de uma marmita de comida. O desafio como líder ali foi imenso. Algo como andar vinte casas para trás da realidade do Brasil.

O "Escutar" foi essencial para conduzir o meu time e para fazer as vendas acontecerem. Em um novo país, com uma cultura totalmente diferente, tive de me abrir para o novo e para absorver todas as necessidades das clientes. A primeira curiosidade que notei foi que as angolanas, de modo geral, eram gordinhas, pois isso era sinônimo de ser bem-sucedida. Então, precisávamos ter muitas roupas em tamanhos grandes, *plus size*. Também fui entendendo que elas não queriam peças básicas apenas. Paetês e todo o tipo de tecido chamativo fazia muito sucesso. Quando entendi as necessidades das clientes, tive uma ideia: chamei a responsável pelo *marketing* e propus organizarmos um desfile com as clientes. Ela melhorou a ideia e conseguiu levar o desfile para um programa feminino na tevê. Nossas clientes desfilaram, e fui um sucesso que fez a loja ficar conhecida e amada, a ponto de haver fila na porta.

Meus cinco anos em Angola foram de muito trabalho, saudades dos meus filhos e um aprendizado enorme. Eu fui para lá pensando em mim: ganhar dinheiro, pagar as duas faculdades; no entanto, eu me dei conta de que Deus tinha me colocado em uma missão muito maior, que era a de levar conhecimento de vendas e dignidade para as pessoas que trabalharam comigo e que eram tão marginalizadas naquela sociedade. Foram anos de muita escuta em que me abri para o novo completamente, a fim de ter os meus resultados e cumprir minhas metas.

"Escutar atentamente para entender as dores e as necessidades do cliente" é compreender profundamente do que o cliente realmente precisa. E pode se resumir nestas ações:

- Dedicar sua atenção completamente ao cliente, evitando distrações.
- Fazer perguntas abertas que incentivem o cliente a fornecer respostas detalhadas e explicativas, em vez de respostas curtas ou de sim ou não. Exemplo: "Pode me explicar mais sobre isso? Isso ajudará a obter informações sobre as expectativas, desejos e necessidades dele.
- Praticar a escuta ativa, prestando atenção não só nas palavras, mas também na linguagem corporal e nas emoções expressas.
- Prestar atenção total ao que o cliente está dizendo, com empatia, sem interromper. Uma dica é esperar a pausa e só falar quando o cliente terminar de expor seu ponto.
- Usar frases como "Entendo como você se sente". Repetir e validar os sentimentos do cliente.
- Espelhar emoções: "Eu percebo que isso é realmente importante para você".
- Resumir os principais pontos da conversa e informações para garantir que ambos estão na mesma página.

Escutar é adotar uma postura de prontidão, de não ter preguiça de atender o cliente, estando disponível para entendê-lo e modificar o dia dele. Certamente você já passou por uma experiência como esta que vou contar.

Eu estava em um evento, hospedada em um hotel, e precisava comprar um tripé para fazer algumas gravações com meu celular. Fui ao shopping mais próximo e perguntei para uma vendedora em loja de chinelos se ela sabia se no shopping havia alguma loja que vendia aquele tipo de produto. Ela nem se esforçou para pensar e, de cara amarrada, me disse um redondo "Não sei". Esse é um exemplo de falta de prontidão. Imagino que na cabeça dela era um absurdo ela ter de ficar respondendo a uma pergunta que nada tinha a ver com o produto dela. Mas... será que não tinha mesmo? Vamos fazer aqui algumas suposições. E se ela demonstrasse interesse pela minha necessidade e procurasse ajudar? Talvez pudesse dizer: "Olha, eu não conheço nenhuma loja, mas, se você falar com o segurança, ele provavelmente saberá responder". Ela também poderia ter um movimento de procurar resolver o problema, dizendo algo como: "Um minuto, eu não sei, mas posso perguntar para minhas colegas se alguém conhece". Enquanto esperava, eu bem que poderia me lembrar de algum presente que precisava comprar e sair da loja com alguma sacola.

Se você tiver sempre uma postura de escuta e prontidão, já estará em uma posição de destaque, à frente dos demais, pois hoje está cada vez mais difícil encontrar pessoas que se preocupam com o outro. É como se cada um ficasse fechado dentro de si mesmo, acomodado, sem energia para se relacionar. Como se a reflexão interna fosse: "Para quê? O que eu vou ganhar com isso?" Eu respondo: Vai ganhar muito, você nem imagina quanto! Um bom vendedor tem de fazer o mínimo, que é estar atento às necessidades do cliente para poder ajudar no que ele realmente precisa. Esse é o caminho da venda. E o caminho para um trabalho mais prazeroso e mais leve. Quando você cria uma prontidão para servir, expande suas relações e amplia suas chances de vender mais.

ESCUTAR É ADOTAR UMA POSTURA DE PRONTIDÃO, DE NÃO TER PREGUIÇA DE ATENDER O CLIENTE, ESTANDO DISPONÍVEL PARA ENTENDÊ-LO E **MODIFICAR O DIA DELE**

CAPÍTULO 8

T DE TRANSFORMAR A NECESSIDADE DO CLIENTE EM SOLUÇÃO

Depois que você entende o que o cliente quer/precisa/deseja, é hora de a proatividade entrar em ação. Nesse momento, entra a postura do servir, que é uma premissa para gerar encantamento. O segredo aqui é fazer tudo o que for possível para que seu cliente tenha uma experiência impecável.

Servir e encantar foram os grandes diferenciais que me levaram a bater tantas metas na minha vida. Quando o mês estava difícil, era isso o que fazia um cliente levar mais um par de sapatos, comprar não apenas a bolsa que queria, mas também uma carteira combinando. Foi isso também que lá no passado, quando trabalhei na papelaria de bairro, me fez ter a ideia de vender guarda-chuva e capa no ponto de ônibus. Mais do que vender, eu estava servindo aquelas pessoas, levando os itens que eles precisavam para se proteger da chuva que as pegou de surpresa. Alguns dizem que era sorte. Eu garanto que é saber servir.

Finalizada minha missão em Angola, voltei ao Brasil. Já no aeroporto senti aquele cheirinho de estar em casa. E sabe o que me remetia a isso? O aroma do pão de queijo recém-saído do forno de uma cafeteria do aeroporto de Guarulhos, em São Paulo. Um novo momento da minha vida se iniciava. Com os dólares que consegui juntar, dei uma festa de formatura linda para minha filha. Uma bela celebração era algo que ela merecia e nunca teve. Foi emocionante poder, enfim, proporcionar aquele momento. Eu também estava pronta para investir em um negócio próprio.

Voltei para o mesmo shopping, o Center Vale, de São José dos Campos, e... adivinhe? Fiquei sabendo que a loja da Casa do Pão de Queijo estava à venda. Não conhecia nada do segmento, mas algo me conectou com aquele lugar – talvez o cheirinho do pão de queijo ou do panini que eu tantas vezes desejei nos tempos de vendedora, mas não tinha dinheiro para comprar. Emoções à parte, tratei de entender como funcionava aquele novo mundo, longe de calçados e bolsas. Fiz treinamentos e, ao começar a operação, entendi tudo: a essência daquele negócio era servir, acima de tudo. Comprei a loja de um senhor que queria se aposentar. Ele queria encontrar uma pessoa que seguisse seu legado e sentiu que eu era a pessoa. Entrei no negócio para vencer, com tudo o que sabia sobre servir, e, assim, a loja que era sucesso começa a bombar muito mais. Passados seis meses, o ex-dono apareceu, satisfeito, com uma proposta. Ele me ofereceu outra loja, do Café do Ponto, que ficava em outro piso do shopping. Eu não tinha mais dinheiro para isso. Mas ele insistiu. Parcelou o valor para que eu pudesse pagar em três anos. Assinei as promissórias e encontrei uma sócia mais que perfeita: a Elaine, que foi minha chefe lá na Arezzo. Coincidência ou não, ela também teve uma cafeteria enquanto eu morava em Angola. Então, já tinha experiência no setor. Formaríamos uma ótima dupla!

A fama do atendimento com excelência da Casa do Pão de Queijo sob a nova gestão já estava se espalhando – especialmente entre os funcionários. Então, aconteceu algo interessante quando compramos o Café do Ponto: no primeiro dia de operação da nossa gestão, ninguém apareceu para trabalhar. O que eu soube era que houve comentários do tipo: "Deus me livre trabalhar com elas. Na outra loja só falta os atendentes carregarem o cliente no colo!" Elaine e eu já tínhamos identificado que ninguém daquele time teria o perfil para continuar com a gente, e essa evasão em massa só confirmou nosso diagnóstico. No primeiro dia de loja aberta, dividimos as funções: eu ficava no caixa, tirava pedido e levava nas mesinhas. A Elaine operava a máquina de café.

Com essa obsessão por servir bem, toda a cultura da cafeteria mudou. Um mantra que vivo repetindo para o meu time é: "Nós não vendemos café e pão de queijo, nós proporcionamos experiência". Em primeiro lugar, o cliente vai se encantar com a xícara dele que veio quentinha, com uma bolachinha do lado. Não vai ter xícara com café derramado por descuido na hora de tirar. Vai ter olho no olho do cliente, porque o nosso café é feito de relações humanas. Essa atitude de transformar a necessidade do cliente (tomar um bom café, comer um pão de queijo ou um doce) em uma solução encantadora faz o cliente se apaixonar pela loja e voltar.

Antecipar problemas na experiência também faz parte do servir. Por exemplo, o nosso panini recheado é pequeno, pois se trata de um pão de queijo que vai na chapa com os ingredientes escolhidos. Então, se uma pessoa pede um desse, é preciso explicar que ele não é suficiente para um almoço, por exemplo. Ter esse cuidado previne uma decepção e ainda cria um elo de confiança do cliente, que sabe que não será feito de bobo naquele lugar. Encantar passa por ter ética e usar gatilhos de vendas com responsabilidade e honestidade. Por exemplo, vejo muita loja criando uma promoção e passando uma mensagem de escassez que não é de verdade. Depois de uma semana, um mês, o produto que "só tinha poucas unidades" continua na vitrine. Parece bobagem, mas isso vai queimando a imagem de um lugar e tirando a vontade do cliente de frequentá-lo, ainda mais quando há tantas opções oferecidas pela concorrência.

Atender com encantamento passa por muitas outras atitudes que acabam dando o tom da nossa forma de servir e se tornam ótimas maneiras de aumentar as vendas. Por exemplo, quem está atrás de um balcão em um ponto estratégico de um shopping sabe que volta e meia pode ser abordado por clientes que precisam de informação. Se você NÃO está com o gatilho do servir acionado, vai logo pensar: "Ai, que chato ter de ficar respondendo pra essa gente..." Em contrapartida, quando você está com o gatilho do servir acionado, naquele estado de prontidão, a sua primeira atitude é ser solícito e responder com a melhor informação que puder dar. Minha dica é sempre: abra um sorriso, diga o que sabe, com a intenção de ajudar. Depois, que tal oferecer um produto já conectando com um benefício? Nos dias de calor, por exemplo: "Não quer aproveitar e levar uma garrafinha de água para hidratar? Com esse calorão, a gente não pode descuidar!"

Ter sempre um bom argumento para a venda que vá além da oferta do produto e ofereça um benefício extra é também uma forma de levar à experiência e encantamento. No caso de oferecer uma garrafinha e conectar com uma informação de saúde, transforma o ato de comprar a água em um ritual de autocuidado. Quer outro exemplo? Estávamos com uma meta no café de venda de chantilly. Adicionar o creme em cima do café custa o mesmo que uma xícara de espresso. Sendo assim, é como se a pessoa pagasse o valor de duas doses de café. O que fazer para motivar essa compra? Essa foi a pergunta que todos a minha equipe me fizeram. Eles não tinham ideia de como bater a meta de venda do creme. Então, expliquei: não basta perguntar se a pessoa quer com chantilly. Precisa criar uma expectativa de experiência. Para mostrar que era possível, fui para o atendimento e mostrei a eles como fazia. Logo apareceu um cliente jovem que pediu um cappuccino e eu engatei o meu texto: "'Bora' colocar um chantilly? Vai ficar mais cremoso, mais encorpado. Esse friozinho está propício... Vai ficar muito bom. O cappuccino já é uma delícia... Assim, então... hummm. E vai ficar tão bom que você treina em dobro depois. Vai valer a pena cada caloria". E assim passaram a sair várias bebidas com chantilly. Sempre no capricho, claro. E teve cliente que recusou? Claro que sim. Sempre tem. A maioria, talvez. O segredo aqui é não desistir e manter a prontidão de servir. Um cliente não é igual ao outro. As necessidades de cada um são únicas. E até a mesma pessoa em dias diferentes pode dizer "não" e depois dizer "sim" – só mude a abordagem se ela pedir para nunca mais oferecer. O seu papel será sempre oferecer a solução e levar encantamento.

Fazer de tudo para conseguir o que parece impossível também faz parte de transformar a necessidade do cliente em solução e encantar. Tem dias que o café está lotado, sem uma mesinha sequer. Eu me lembro de uma véspera de feriado, uma terça-feira, que deu um movimento absurdo. Chegou uma família grande com uma senhora em uma cadeira de rodas. Não tive dúvida e falei: "Vou arrumar uma mesa para vocês na praça de alimentação e levo lá o café." No maior espírito de prontidão e servir, tomei a iniciativa de empurrar a cadeira de rodas e conduzi-los à mesa. Fizemos o atendimento e acabei ganhando 20 reais de caixinha daquela senhora. Também me pediram para chamar o dono do café, pois queriam me elogiar. Agradeci, disse que eu era do time de qualidade (nunca falo que sou a dona, pois estou lá para servir, e não para aparecer) e que repassaria o elogio. A caixinha ficou para a minha equipe. De fato, se precisar, carregue o cliente no colo, mesmo, ou empurre sua cadeira de rodas.

Entrar em modo "servir" é um treino. Se você praticar, fará isso automaticamente. Certa vez, eu estava dentro de uma loja Zara, que tem como dinâmica o autoatendimento. Você escolhe as roupas nas araras, experimenta o que desejar e vai no caixa pagar. Então, eu estava vestida com um blazer preto e uma senhora, que talvez não soubesse que ali não há vendedoras que atendem do jeito clássico, me perguntou se tinha o tamanho M de uma peça. Provavelmente, ela achou que eu trabalhava lá. Fui até a arara, procurei o tamanho M e disse: "Acho que vai ficar bem na senhora". Fiz uma venda para a Zara.

A atitude de transformar a necessidade do cliente em solução funciona especialmente com aqueles clientes que são nada mais, nada menos do que... chatos ou até mesmo cruéis, daquele tipo que chega humilhando um atendente, um vendedor. Também existem pessoas implicantes por natureza ou que não estão em um bom dia. E posso provar para você que devolver uma falta de educação ou uma reclamação com amor é o melhor antídoto para neutralizar pessoas assim. Tratou você mal? Mantenha a compostura e continue servindo com excelência. Eu sempre digo que pessoas passam em nossa vida para aprendermos a fazer como Deus, como Jesus e sermos misericordiosos. Certa vez, um cliente brigou por causa da vaga do estacionamento lá fora e foi lá no meu café liberar o estresse dele. Eu não tinha nada a ver com aquilo. Servi o homem com encantamento, sem esperar nada em troca. Ele não estava em um bom dia, mas eu não afetaria a qualidade do meu serviço por isso. Ele acabou saindo do café mais calmo e até me pediu desculpas por estar tão ríspido. Desabafou. Isso é criar experiência. Uma pessoa chega de um jeito e você modifica. Essa visão é importante no relacionamento humano. Em tempo de tanta preguiça e individualismo, importar-se em ser agradável já é uma grande coisa. Quem tem a mentalidade muito fechada acha que tudo isso é bobagem. Então, eu peço para avaliar a própria vida. Os seus resultados estão bons ou piores do que você gostaria?

O que eu vejo acontecer com as pessoas da minha equipe é que elas mudam muito depois de aprenderem a servir com encantamento. Elas mesmas passam a ficar mais exigentes. Quando estão na posição de clientes, percebem a diferença na experiência que proporcionam se comparada a outros lugares que não têm o mesmo cuidado. Além disso, quando se tem uma equipe que atende sorrindo, disposta e que tira de letra qualquer situação, vemos clientes felizes e resultados em vendas. Tudo isso resulta em um clima de trabalho mais gostoso, prazeroso. Que tal trabalhar em um lugar onde dá vontade de estar, com leveza, alegria e ainda se superando, vendendo mais? Não tem preço, certo? Nem para você nem para o seu cliente, que vai pagar com prazer a experiência de estar ali.

Resumo aqui o que é preciso para transformar uma solução personalizada que atenda às necessidades específicas do cliente e proporcione uma experiência encantadora.

ESTRATÉGIAS:

- Utilizar as informações coletadas na etapa da conexão e escuta para apresentar produtos ou serviços que realmente resolvam os problemas do cliente.
- Destacar os benefícios e diferenciais do seu produto/serviço, mostrando como ele pode melhorar a vida do cliente.
- Oferecer experiência:

- Usar prova e demonstração: incentivar os clientes a experimentar os produtos para ver como se sentem e se ajustam.
- Explicar claramente: evite jargões de vendas e explique produtos ou serviços de maneira simples. "Nosso produto funciona assim..."
- Oferecer soluções relevantes: baseie suas recomendações nas necessidades específicas do cliente. Exemplo: "Considerando o que você mencionou sobre [necessidade], acho que nossa solução Y seria ideal para você."
- Colocar confiança e transparência na frente: ser honesto sobre os produtos e não forçar uma venda se o item não for adequado para o cliente.
- Ser sincero: se não souber a resposta para algo, admita e procure a informação correta.
- Compartilhar experiências: relate vivências suas que sejam relevantes para a conversa. Isso ajuda a humanizar a interação. Só tome cuidado para não se colocar em um nível superior ao do cliente.
- Usar prova social: mostre resultados reais obtidos por outros clientes. Isso cria confiança e credibilidade.
- Verificar a compreensão: perguntar ao cliente se ele tem alguma dúvida ou se algo não está claro. "Isso faz sentido para você? Há algo mais que eu possa explicar?"
- Criar um momento de encantamento durante o fechamento da venda. Que tal oferecer algo a mais do que o esperado,

como um brinde ou um serviço adicional sem custo extra para o cliente?
- Tornar o fechamento da venda um processo agradável e sem pressões. O objetivo é fazer o cliente sentir que está tomando a melhor decisão para ele, gerando um sentimento positivo em relação à compra.
- Sirva com amor, coloque paixão e personalidade. Encante o cliente e feche a venda com um atendimento memorável!

EM TEMPO DE
TANTA PREGUIÇA E
INDIVIDUALISMO,
IMPORTAR-SE EM SER
AGRADÁVEL JÁ É UMA
GRANDE COISA

CAPÍTULO 9

A DE ACOMPANHAR CONTINUAMENTE NO PÓS-VENDA

Você se conectou, escutou, serviu com encantamento e fechou a venda maravilhosamente bem. Ponto final? Nada disso. Esse é só o início de um relacionamento duradouro. Se fez tudo certo, o cliente já está propenso a voltar. Então, é hora de aproveitar o pós-venda para fortalecer a relação e fidelizar. Tem muita gente que se perde nessa hora. Com a facilidade de se comunicar via Whatsapp, tem vendedor que comete erros que podem colocar tudo a perder. O primeiro deles é se tornar inconveniente e sobrecarregar o cliente de informações de promoção e outras ações. Quantas vezes vendedores já sobrecarregaram o seu WhatsApp com excesso de informações e ofertas sobre as quais você não tinha interesse?

Saber se um cliente vai gostar ou não de receber essas mensagens é muito simples. Pergunte se pode enviar mensagens – e quantas vezes por semana. Procure saber quais produtos ele tem interesse em saber mais informações ou quais deles desejará comprar se houver uma promoção... Quanto mais você souber sobre o que o cliente está interessado, maiores as chances de manter um relacionamento pós-venda agradável e que continue com o propósito de servir. Talvez ele não queira receber o contato pelo Whatsapp e prefira e-mail. Na dúvida, pergunte.

Evite a qualquer custo o spam, porque é uma ilusão achar que uma mensagem única enviada para um monte de pessoas vai surtir efeito com pelo menos algumas. Isso pode até acontecer, mas, se você se dedicar a cuidar de um a um, ainda que em um volume menor de pessoas, garantirá qualidade no atendimento e certamente terá clientes que realmente voltarão a comprar. Quando um cliente percebe que está dentro de uma lista de spam, ele sabe que não está recebendo um atendimento personalizado e pode até mesmo bloquear o contato. Aconteceu comigo.

Eu estava precisando comprar um acessório para o meu filtro e entrei em contato com a loja autorizada da marca. Pedi para a moça que me atendeu enviar os modelos no Whatsapp e não chegava. Fui descobrir que eu mesma, um tempo atrás, tinha bloqueado o contato da loja, porque eles enviavam uma quantidade enorme de imagens e spams. Contei para a vendedora. Até rimos juntas. E espero que ela tenha entendido esse erro que eu não quero que você cometa. As pessoas estão perdendo a medida hoje, porque tudo vira fórmula e deixa de ser personalizado. A conexão no pós-venda também tem de ser de verdade.

Nem sempre o pós-venda é tranquilo. Há casos em que o cliente volta insatisfeito, reclamando do produto, querendo trocar. E ele nem sempre está de bom humor. Teve uma vez, quando eu era supervisora da Arezzo, que uma cliente trouxe um sapato dela que tinha dado defeito. Seguindo o procedimento padrão, mandei para a análise do setor de qualidade. O resultado veio dois dias depois. A cliente veio à loja e eu expliquei que o parecer deu o pedido de troca como improcedente. O laudo acusou mau uso, sugeriu que ela usou o produto na chuva e molhou. Assim que ouviu que a troca não foi autorizada, ela simplesmente tacou o sapato em mim, com toda a minha equipe presenciando o ocorrido e esperando a minha reação. Quando conto essa história, logo imagino que hoje a cena teria chance de cair na rede social, viralizar e acabar com a reputação da cliente desequilibrada. Como supervisora, no entanto, eu não deixaria que a cliente ficasse exposta, assim como não deixei que o pequeno público que presenciou o ocorrido se inflamasse mais. Eu poderia ter chamado o segurança e dado continuidade ao barraco, mas preferi o caminho do profissionalismo, que não me tiraria a razão. Respirei fundo e, em uma voz suave, devolvi: "Olha, eu estou sendo tão respeitosa com você... Posso pedir que você também seja respeitosa comigo?" Procurei acalmá-la e mostrar que estava empenhada em resolver o problema dela. "Vamos tentar achar uma saída. Eu estou com você, não estou contra você. É meu interesse que fique satisfeita". Tomei a iniciativa de enviar o sapato para segunda avaliação e, se não fosse mesmo permitida a troca, eu mandaria para um sapateiro. Às vezes, o cliente age na defensiva, já pressupondo que todo mundo quer tirar proveito dele. Nesses momentos, volte para o valor do relacionamento humano. A cliente estava num momento ruim – todos nós passamos por dias de fúria. Ou talvez ela fosse o tipo de pessoa que não está acostumada a ouvir um "não". Nessas horas, não levar para o lado pessoal sempre é a estratégia mais acertada.

Aqui está um resumo para manter um relacionamento contínuo e positivo com o cliente, promovendo a fidelização e possíveis indicações.

ESTRATÉGIAS:
- Oferecer suporte e assistência para garantir que o cliente esteja tirando o máximo proveito da sua compra.
- Caso haja algum problema, resolva-o de forma rápida e eficaz. Um bom atendimento pós-venda pode transformar uma experiência negativa em uma positiva.
- Registrar compras e interesses dos clientes para futuras recomendações e oportunidades.
- Perguntar se o cliente gostaria de ser informado sobre novos produtos, eventos, ofertas, lançamentos – e como gostaria de receber essa comunicação.
- Manter os clientes informados sobre novos produtos, atualizações ou eventos que possam ser do interesse deles.

- Enviar uma mensagem de agradecimento, reforçando sua disponibilidade. "Foi um prazer falar com você hoje. Estou aqui para ajudar sempre".
- Ligar no aniversário ou mandar uma mensagem personalizada.
- Organizar eventos, lançamentos de coleções ou sessões de estilo pessoal para engajar os clientes.

Servir bem um cliente é iniciar um relacionamento saudável, como uma amizade. Você vai expandir os seus contatos e de cada conexão pode extrair um ensinamento, algo de bom. Você pode estar ali como vendedor, a outra pessoa como cliente, mas, no final das contas, são dois seres humanos se relacionando. Olhar o trabalho com vendas por esse lado das relações humanas não é apenas o melhor caminho para bater suas metas. Essa postura trará outro significado para o seu dia a dia e para sua vida como um todo.

CAPÍTULO 10

"BORA" VENCER NA VIDA!

Certa vez, observei um homem vestido de Homem-Aranha, fazendo malabarismos no sinal. A grande maioria dos carros passava sem dar a mínima e, muito menos, ajudar com um trocado. Não julgo. Por mais que as pessoas deem trocados no farol, elas não vão conseguir fazer isso em todas as vezes. Então, se o Homem-Aranha está determinado a bater uma meta, ele precisa seguir focado, faça chuva, faça sol. No mundo das vendas é a mesma coisa: nem sempre teremos uma venda fechada. A experiência no sinal me fez refletir sobre a importância da persistência e da determinação na busca por nossos objetivos. Assim como o Homem-Aranha, que continuava sua performance mesmo diante da falta de reconhecimento, nós também precisamos nos erguer a cada nova rodada,

EM MEIO ÀS ADVERSIDADES E ÀS LIMITAÇÕES IMPOSTAS PELO AMBIENTE, É FUNDAMENTAL MANTER O **FOCO** E A **DISCIPLINA**.

prontos para enfrentar os desafios que surgirem em nosso caminho. Decisões e motivação são essenciais para alcançar o sucesso.

Em meio às adversidades e às limitações impostas pelo ambiente, é fundamental manter o foco e a disciplina. Seguir a metodologia M.E.T.A. é um caminho para o seu sucesso em vendas. Não tenho dúvidas. A partir do momento em que você colocar em prática os quatro passos que envolvem a conexão com o cliente, a escuta, o empenho para criar uma experiência com encantamento e seguir um relacionamento sob medida no pós-venda, suas vendas aumentarão. Além disso, suas chances de fidelizar clientes, que voltarão a comprar com você, também serão maiores. Tudo isso não significa que você terá sucesso em cem por cento das vezes. Vender continua sendo um exercício de persistência e resiliência.

Na minha trajetória, houve dias em que vendi muito, mas também dias que foram péssimos. Apesar de eu ser persistente, sou humana como qualquer um e sei bem o que é chegar em casa após um dia em que fizemos o nosso melhor e, mesmo assim, as vendas não vieram. Então, quero falar sobre algo que você precisa fazer para ter uma carreira bem-sucedida em vendas: aprender a recomeçar. Todos os dias. Ou mais de uma vez em um mesmo dia. Costumo dizer para o meu time que a misericórdia de Deus se renova a cada dia. Digo mais: ela se renova a cada instante. E você precisa desenvolver resistência diante das adversidades. A vida me mostrou que o segredo para o sucesso está em persistir mesmo quando portas se fecham. Não importa quantas barreiras você enfrenta. O mais importante é nunca parar de tentar. O tempo todo você tem de ajustar o caminho e seguir em frente. Foi essa mentalidade que me trouxe até aqui. Você pode chegar mais longe se decidir não desistir diante dos desafios. Se você acredita no seu potencial e está pronto para lutar até o fim, o sucesso será apenas uma questão de tempo.

Vivi muitos altos e baixos em minha vida. Quando eu achava que meus problemas estavam terminando, outros maiores apareceram para me testar. Conheço bem o fundo do poço. E sei o que é levantar e tomar uma rasteira na sequência. Falo que sou especialista em renascer das cinzas. Desenvolver essa habilidade de não me entregar e seguir em frente trouxe leveza para minha vida, porque eu sempre acredito no dia seguinte. Uma nova manhã chega, as coisas mudam e bons resultados aparecem. Só não chega para quem desiste. Essa filosofia de vida faz tanto sentido e é tão verdade que faço questão de transmitir para as pessoas que amo. Ensino meus filhos a trilharem por esse caminho da fé no dia seguinte, da persistência, e ensino as pessoas das minhas equipes a agir assim.

Pode haver dias em que o golpe é maior, que o desafio é mais pesado. Nessas horas, em que dá vontade de sumir, eu não segui por mim, mas pelos meus filhos, pela minha mãe, pelos meus irmãos. Essa atitude sempre me trouxe uma nova rota, um novo recomeço, me fez acreditar mais em mim. Me fez descobrir uma força dentro de mim que eu nem sabia que existia. Então, hoje, por pior que um problema pareça, eu me sinto muito forte para lidar com ele.

O que fazer para não deixarmos o cansaço do dia a dia, a zona de conforto, os incontáveis "nãos" que recebemos nos desanimar e nos levar à estagnação? Aqui vão os meus conselhos favoritos.

Quer uma sugestão? Escreva, cole no espelho, na porta da geladeira, guarde na bolsa e leia todos os dias.

1. **Nada como um novo dia!** – Levou muitos nãos hoje? Deu tudo errado? Faz parte! "Bora" tentar, tentar e tentar, fazer de novo até dar certo! As misericórdias do Senhor se renovam a cada manhã!

2. **Ação! Adulto não reclama, adulto resolve!** – Banque seus sonhos, faça acontecer. Não deu certo de um jeito, tente de outro. Crie soluções e fuja do muro das lamentações – ali só há fracassados e pessoas muito críticas, que realizam muito pouco e não assumem a responsabilidade por seus sonhos. Pague o preço e insista. Aumente suas chances de viver o inimaginável todos os dias!

3. **Domine seus pensamentos com positividade** – Lute com sua mente contra os pensamentos sabotadores. Sim, eles insistem em vir para todos nós, todos os dias. Principalmente quando os resultados demoram, quando tudo dá errado. A sua reação? Dar o seu melhor. Decida todos os dias fazer o extraordinário, e terá resultados extraordinários!

4. **Não se permita ser mais um, a fazer somente o básico** – O tempo passa de qualquer jeito e você pode escolher como usá-lo. Já que terá de fazer, faça bem-feito. Entregue a melhor experiência para o cliente, ofereça-se para ajudar um colega. Coloque-se a serviço. Não se contente em ser pouco se puder ser muito. Faça bem-feito, faça com excelência e torne isso sua marca registrada.

5. **Pratique a autorreflexão** – Tenha um diário e comece uma rotina de escrever nele para identificar seus pontos fortes e fracos, bem como seus resultados, desafios, acertos. Isso ajuda a organizar seus pensamentos e a pensar em si mesmo, em como está desempenhando suas funções, onde pode melhorar, o que você faz bem. Visualizar no papel quem você é e como está sua conduta é uma boa forma de fazer ajustes e de se valorizar, vendo o que tem de bom. Em dias de fracasso, o diário serve para lembrar você de todas as suas qualidades. Em dias de sucesso, serve para você anotar tudo o que deu certo – esse registro ficará guardado e será importante reler as conquistas e resultados de um dia bom de vendas. Isso motivará você a fazer com que isso aconteça mais vezes. Ao final de todo mês, releia suas anotações dos últimos 30 dias, avalie seu progresso e ajuste suas estratégias de melhorias.

6. **Pratique a resiliência** – Existe uma metáfora que diz que a resiliência é como a água, que sempre dá um jeito de seguir seu fluxo, não importa o obstáculo que apareça pela frente. A água sempre encontra seu caminho. Guarde isso e desenvolva a resiliência para nunca desistir diante dos fracassos e perdas. Transforme a dor em força.

7. **Aprenda a usar sua Inteligência Emocional** – Todos temos a nossa inteligência lógica, e temos também a inteligência emocional, um conceito que foi desenvolvido por Daniel Goleman, em 1995. Ele diz que todos podemos desenvolver a capacidade de lidar com nossas emoções. Dessa forma, podemos superar o que não deu certo, ressignificar experiências. Segundo ele, ter sucesso ou ter fracasso depende da nossa capacidade

de lidar com nossos impulsos cerebrais para ter melhores relacionamentos e bons resultados no trabalho. Então, use sua inteligência emocional para se blindar, ignorando comentários negativos, como "você não consegue," "isso não é para você", "você não tem boa aparência nem perfil para esse cargo". Coloque no lugar pensamentos que levarão você aonde deseja.

8. **Faça um planejamento financeiro –** Eu sei o que é ter dificuldades financeiras e o salário não ser suficiente até o final do mês. Sei que muitas vezes é praticamente impossível sobrar algum dinheiro. Então, este conselho é para que você segure a tentação de gastar tudo o que ganha quando o mês for bom. Sabendo que vendas é uma área de altos e baixos, meu conselho é ter muita consciência e, sempre que for possível, ter uma reserva. Se puder evitar dívidas que não estão dentro do seu orçamento, evite. A pressão de ter que fazer um número para não deixar de pagar prestações pode trazer um peso desnecessário para o desempenho diário. Viver constantemente no limite apenas para pagar contas é um grande desmotivador que atrapalha a sua coragem.

9. **Encare o "não" como se fosse "bom dia" –** Toda a nossa vulnerabilidade aparece diante da palavra "Não", porque ela se conecta com rejeição, com o julgamento de que não somos bons o bastante... É incrível como uma palavrinha tão pequena pode causar um estrago tão grande em nossa autoestima, questionar o nosso papel no mundo, nos fazer desistir dos sonhos. Então, o que fazer? Nos tornar conscientes de que o fato de um cliente não querer levar um produto ou dar uma negativa em relação a um serviço não tem, necessariamen-

te, a ver com você. Se você seguiu os passos da metodologia, certamente fez o seu melhor. Portanto, a negativa tem a ver com o outro, e não com você. Um exemplo: para bater a meta de aumentar a venda de um ingrediente como o chantilly na cafeteria, precisamos oferecer o produto para dez pessoas. E sabe quantas irão aceitar incluir o creme em seu café? Apenas duas. Agora imagine se desistirmos no primeiro "não"... A meta nunca será batida. Então, este é o meu conselho favorito: encare o "não" como se fosse "bom dia". Ou seja, como algo que não vai interferir no seu desempenho nem fazer você desistir do que quer. Apenas como parte do seu dia.

10. **Estabeleça suas metas** – Às vezes, quando passamos por um período ruim, podemos nos desesperar e não ter a dimensão exata de quanto já avançamos. Pode parecer que estamos andando para trás ou estagnados, mas, na verdade, estamos em um desafio dentro de uma trajetória que está sendo de sucesso. A melhor maneira de medir o seu progresso é visualizando o que você deseja e o que conquistou. Por isso, eu gosto muito de estabelecer metas. Primeiro, para poder ter claro aonde eu quero chegar, qual o número mirado e ter clareza de quando chegar lá. Segundo, para montar minha estratégia de crescimento.

Sugiro que você divida suas metas assim:

Metas de curto prazo: Sabe aquele grande objetivo que parece muito distante? Fatie em pequenas metas, que você pode atingir. Isso ajuda a sentir progresso contínuo. Costumo fazer isso todos os meses nas cafeterias. Temos uma meta mensal que é um número grande. Quando dividimos esse número de faturamento por dias e por quantidade de atendimentos, chegamos à meta de uma comanda. Então, fica mais palpável e realizável. Às vezes, o que precisamos fazer para bater a meta de venda de uma comanda é emplacar mais um café ou um pão de queijo. Algo que parece bem mais simples do que atingir aquele número do mês.

Metas de longo prazo: Tenha uma visão clara do que deseja. Metas ambiciosas mantêm você motivado. Existem estratégias que ajudam você a não tirar o foco delas. Por exemplo: quando eu queria ter um carro melhor, colocava uma foto do carro dos meus sonhos na porta da minha geladeira. Até realizar o sonho de conhecer Paris, eu tinha uma foto da torre Eiffel na minha agenda. Na época parecia impossível, mas, quando eu via que estava chegando perto, aquilo me dava um gás danado! E hoje continuo com minhas estratégias, pois não paro de sonhar.

DISCIPLINA E DECISÃO

Se você não tiver disciplina e decisão, vai se perder no meio do caminho. E isso tem a ver com foco. Quantas vezes não batemos meta por pouco? Porque faltou caprichar mais numa venda, faltou insistir um pouquinho mais, faltou um pouquinho mais de estratégia? O vendedor que bate metas tem de saber que a decisão é dele. E que todos os dias a motivação precisa estar ali. Até mesmo quando ele não está bem. Costumo dizer que motivação é igual a tomar banho. É todo dia, quer você queira, quer não queira.

Um jeito de ter motivação em dias difíceis é voltar para o seu propósito. Por que trabalho nesse lugar? Por que quero bater minha meta? A resposta pode ser a própria vontade de vencer, mas pode ser o seu filho, pagar contas, ter dignidade. Quando você recupera na mente a razão principal por estar ali, fica mais fácil se motivar, porque a nossa mente vai partir para a ação visando àquele benefício que nos faz sentir feliz. Estou falando de propósitos maiores, mas isso também funciona com recompensas a curto prazo.

Certa vez, eu precisava desovar o estoque de um produto que estava chegando à data de vencimento. Jogar fora um produto vencido é jogar dinheiro no lixo. Então, disse para a minha equipe que precisávamos focar naquela venda. Mas eu sabia que isso não seria suficiente. Então, além de bater a meta e ganhar comissão, quem vendesse mais poderia ganhar um dia de folga. Às vezes não é dinheiro o que fará você seguir em frente, porque existe outra necessidade mais urgente. Eu tomei essa atitude inspirada nos meus dias como vendedora, em que passar um sábado inteiro com os filhos valia mais do que um valor a mais na conta corrente. Quando tinha a chance de negociar esse dia livre, eu dobrava minha motivação em vendas de segunda a sexta. Assim, compensava o dinheiro da comissão que poderia fazer no sábado. Era impressionante como vislumbrar a possibilidade de ter um dia inteiro com meus pequenos me dava energia e garra para vender. Eu tirava leite de pedra, pois tinha meu motivo. Aliás, eu sempre tinha um motivo que me ajudou a vencer. Por isso, recomendo que você faça o mesmo e verá brotar pique e vontade de vencer.

Devemos ter motivação para sair da mediocridade. Sem motivação, nós, seres humanos, tendemos a fazer apenas o básico, o normal, e não o extraordinário. É como fazer academia, exercitar-se. Se não tivermos um motivo, o nosso corpo tende a ficar na zona de conforto. Existem estudos que comprovam isso, como o da Universidade Simon Fraser, no Canadá. Ele mostra que humanos são biologicamente "programados" para ser preguiçosos.

O sistema nervoso reprograma padrões de movimentos como andar em uma busca constante para gastar o mínimo de energia possível. Por isso, a maioria das pessoas é sedentária e não tem resultados acima da média.

Eu não gosto de agir com base na mediocridade, porque acredito que, se Deus me permitiu nascer, não foi para eu ser apenas mais um nesta vida. Preciso ter muita responsabilidade com o que Deus confiou a mim. Então, se bate a tentação de fazer algo meia-boca, na hora eu me lembro do meu compromisso. Eu me vejo como servindo a Deus. Comigo é assim, e com você também. Todos nós estamos nesta vida com uma missão importante. O que você veio fazer neste mundo? Qual a sua missão? Como você pode fazer a diferença? Encontre as respostas dentro de você e se permita fazer o melhor, não ser apenas mais um. Você nasceu para vencer; você nasceu para dar certo. "Bora" vencer na vida!

VOCÊ NASCEU PARA **VENCER**; VOCÊ NASCEU PARA DAR CERTO. "BORA" **VENCER NA VIDA!**

CAPÍTULO 11

PERDOAR
PARA VENCER

Em 2018, fiz um treinamento de liderança, desses em que você passa um fim de semana de imersão em um hotel. Uma das dinâmicas propostas foi a de os participantes serem conduzidos a uma experiência que nos levava a sentir como se estivéssemos novamente no útero de nossa mãe. Como sou muito acelerada, eu não consigo me concentrar nesse nível. Então, tentei e não consegui. Fiquei apenas observando as outras pessoas e fiquei impressionada com como elas voltavam mesmo, ficavam deitadas em posição fetal, como se fossem novamente um feto. Um homem, em particular, chamou a minha atenção. Ele era alto executivo de um banco e, em sua regressão, vivenciou seu parto, de fórceps. Então ele chorava, se retorcia, parecia assustado. Aquele senhor revivendo sua experiência de nascimento, no auge de sua vulnerabilidade, me marcou. Mais do que isso, aquela experiência me intrigou e eu não consegui tirar aquilo da minha cabeça. Era como se eu me identificasse.

Desde aquele dia passei a ficar muito curiosa sobre como havia sido o meu nascimento. Na verdade, eu sempre quis saber sobre a minha história, mas isso era um tabu na minha família. Iniciei um trabalho com uma coach e então ela sugeriu que eu tomasse a iniciativa de desvendar o meu passado. Eu me conectei pelo Facebook com uma moça que sabia que era minha prima biológica e pedi ajuda, perguntei se ela sabia algo mais sobre a minha infância, antes da minha adoção. Ela me explicou que também era muito criança na época e que não se lembrava de muita coisa. Então, me disse algo que eu não esperava: "Mas, Alexandra, a minha tia chora todos os dias por causa de você. Todos os dias ela ajoelha e pede a Deus uma oportunidade de te pedir perdão. Eu sei que ela gostaria muito de ter uma conversa com você". Foi emocionante saber que minha mãe biológica, que eu pensei que nem se lembrava da minha existência, pensava em mim todos os dias e queria me reencontrar. Essa minha prima, então, ajudou a fazer com que esse encontro fosse possível. "A minha tia quer te ligar. Ela pode?" Por mais que eu me sentisse uma mulher bem resolvida, naquela hora meu coração disparou. Então, nos falamos e marcamos um encontro presencial. Fui sozinha ao bairro na periferia onde ela vivia em uma edícula no fundo de uma casa. No caminho, pedi a Deus que eu fosse com o coração limpo, sem julgamento, sem cobranças e aberta para ouvir.

Tivemos uma conversa muito honesta. Soube que ela foi uma moça muito bonita e que a mãe dela – a minha avó cigana, de quem minha mãe de amor me salvou – não dava a mínima para ela, a ponto de enviá-la para a casa de um casal, ainda adolescente, para trabalhar para eles. Ela passou a ser assediada pelo "patrão". Quando arrumou um namorado, o tal homem não aceitou. Ela surtou. Eles a internaram como louca. Ela passou a tomar remédios fortíssimos. Tomava tanto medicamento e tanto choque que não tinha coordenação motora para segurar uma xícara. No meio disso tudo, descobriram que ela estava grávida, quase para ter um bebê. Ela estava grávida de mim. Então, voltou para casa para dar à luz. Meu parto foi traumático, de fórceps. Nasci toda machucada, toda arrebentada. Minha mãe não tinha condição alguma de cuidar de mim. E assim acabei indo para a casa da minha avó biológica para depois ser regatada por minha mãe e família de puro amor.

Ouvir tudo aquilo me deixou chocada e eu não tive outra reação a não ser a de perdoar. Eu tive muita empatia por ela. Confesso que não consegui chamá-la de mãe, mas entendi tudo. Agradeci por suas orações, por ter me deixado nascer mesmo não tendo a menor condição de me criar.

Então, eu olhei minha vida sob outra perspectiva. Como tive sorte e fui abençoada por ter sido acolhida pela minha mãe Sebastiana. Aquele encontro mostrou a sabedoria divina, que me levou para uma família à qual eu pertenço, que sempre cuidou de mim. Sou grata aos meus irmãos, que aceitaram dividir comigo o pouco que tinham. Deus fechou uma porta, mas me abriu a porta dessa família incrível.

Desde então, aprendi que tudo tem um propósito maior. E só o tempo vai mostrá-lo. Conto isso neste livro de vendas para que você procure alimentar essa visão em sua vida. Não sei qual é a sua história de vida nem quais são os motivos que fazem você sofrer. Também não sei o que você gostaria que tivesse sido melhor e diferente. O que posso dizer é que existe um plano e que, se os resultados ainda não vieram, é porque há algo melhor esperando por você. Deus não erra em seu plano de amor com ninguém. Então, acredite Nele e siga dando o seu melhor.

Por muitos anos, guardei no meu coração a lamentação que foi não ter sido aceita na loja de carro da Fiat, que eu achava o mais puro glamour. Só 15 anos depois, com a minha trajetória consolidada, foi que consegui entender que havia um plano maior para mim. Tudo o que aprendi na Oscar Calçados, todas as oportunidades de crescimento me levaram a ser a profissional que sou hoje. Se atingi o mais alto cargo na Oscar, tive coragem de aceitar uma proposta de emprego na África para pagar a faculdade de medicina dos meus filhos e, na volta, me tornei uma empresária, foi graças a essa trajetória, que não era a minha primeira opção. Aquela loja de carros não era o propósito de Deus para mim. Ele havia me reservado algo muito maior. E assim segue sendo. Um pouco antes da pandemia, eu estava com um plano de abrir a quarta cafeteria e realizar mais um sonho. O negócio estava praticamente fechado e, então, levamos o projeto para a aprovação do superintendente do shopping. Ele não aceitou, pois queria que a cafeteria fosse de outra franquia. Um balde de água gelada. Alguns meses depois, veio a pandemia. E você pode imaginar o sufoco que foi conseguir manter as cafeterias de pé! Imagine se tivéssemos uma franquia nova começando com um investimento altíssimo?

Acredito que tudo tem o tempo de Deus. Em 2025, abrimos a nossa mais nova loja, que veio na hora certa e muito melhor. Unindo o know-how e a experiência acumulados nesse ramo, demos um passo importante e montamos a primeira cafeteria com nossa marca, Café do Barão, que já estreou com ótimos resultados.

Aprendi a perdoar e agradecer por cada porta fechada, cada negócio que não foi feito, cada situação que parece ruim num primeiro momento. A pergunta que sempre faço é: "O tenho que aprender com isso?" Para quem é muito ansioso como eu, fica o aprendizado que, às vezes, as coisas não acontecem no nosso momento, porque não é a hora certa. E o fato de colocarmos toda a energia para fazer acontecer e não dar certo não significa que de nada vale trabalhar duro.

Às vezes, quando a gente está na luta, no olho do furacão, é muito difícil entender que Deus sempre vai reservar a melhor porta. Por isso, devemos ter sabedoria, calma, porque o tempo vai mostrar. Cada rasteira tem um motivo. Nem sempre sabemos na hora, mas depois tudo faz sentido. Mesmo enfrentando momentos de baixa autoestima, descobri que a confiança e a coragem vêm com cada problema superado e cada perdão liberado.

Treine essa habilidade de deletar atitudes ruins e perdoar os fatos que não saem como desejamos. Decida que nada de ruim que acontece tem o poder de corroer você. Não se perca no caminho;

CONFIE NO **PROCESSO**, NA CERTEZA DE QUE DEUS ESTÁ CUIDANDO DE TODOS OS DETALHES – ESPECIALMENTE DAQUELES QUE VOCÊ NÃO ENXERGA. MAIS CEDO OU MAIS TARDE, VOCÊ TERÁ SUA **COLHEITA** siga plantando o bem, com trabalho, honestidade e sem perder tempo em querer dar o troco ou prejudicar quem lhe fez mal. Confie no processo, na certeza de que Deus está cuidando de todos os detalhes – especialmente daqueles que você não enxerga. Mais cedo ou mais tarde, você terá sua colheita.

AS DORES DO CRESCIMENTO

A partir do momento em que você começar a se destacar, os seus sonhos ficarão mais próximos, mas há algo que também pode acontecer: seus colegas ficarem mais distantes. Ao escrever sobre isso, eu me preocupo muito com a forma como você pode receber essa informação. Afinal, não quero que ela abale sua sede por vitória. Mas o fato é que isso aconteceu comigo e acontece com muitas pessoas da minha equipe, gente que me procura em busca de conselhos sobre vendas, mentorados...

Uma situação em que isso ficou muito evidente em minha trajetória como vendedora foi ainda na época em que eu trabalhava na Oscar Calçados. Certas vezes, uma ou outra marca de calçados resolvia premiar o vendedor que tivesse mais resultado com a venda de um produto que ela estava querendo emplacar ou promover. A primeira vez que participei de uma ação desse tipo foi quando lançaram a moda de um tamanco que lembra o Crocs, mas era feito de couro e tinha o solado de madeira. A marca que vendia esse modelo fez uma parceria com a Oscar Calçados e ganhou um corredor só dela dentro da loja para expor seus produtos. Sua estratégia para turbinar a saída daquele modelo era dar uma tevê de presente para o vendedor que ficasse em primeiro lugar nas vendas do produto.

Eu fiquei toda animada. Além de querer muito ganhar uma tevê daquelas modernas para minha casa – imagine, a gente ainda tinha uma em preto e branco de tubo! –, eu era muito competitiva e me sentia supermotivada com aquele tipo de desafio. Comecei a vender, vender e vender os tais tamanquinhos. Depois de sessenta dias, o gerente puxou a listagem e anunciou o resultado: "Alexandra Borges ganhou a competição!". Nossa, fiquei superfeliz. Levei a tevê para casa e todo mundo da minha família comemorou.

Passado pouco tempo, outra marca resolveu fazer o mesmo tipo de ação. Agora, era para aumentar as vendas de scarpins. O prêmio? Outra tevê, que eu já imaginei que ficaria ótima no quarto das crianças. Então, percebi uma reação dos meus colegas. Eles não queriam que eu participasse da competição daquela vez. "Ah, Alexandra, você já ganhou uma tevê. Dê chance para os outros." Como não achava justo sair da competição por já ter ganhado uma vez, eu respondia: "Poxa, mas eu gosto de ganhar e preciso de mais uma!" Segui firme na corrida para ver quem vendia mais e percebi que passei a ser desprezada até mesmo pelos colegas de quem eu mais gostava! Quanto mais scarpins iam para o caixa, mais gente torcia o nariz o para mim. Eu ficava triste por não ter mais a atenção deles. Adorava conversar com eles, adorava os nossos cafés... Mas o que eu podia fazer? O jeito foi suprir minha carência e necessidade de me relacionar conversando com os meus clientes, que ganharam mais ainda a minha atenção. Assim, o desprezo dos meus colegas virou motor para eu fazer o movimento de conexão com ainda mais convicção. Resultado? Minhas vendas de scarpins se multiplicaram. Eu estava impossível! A ponto de fazer uma cliente que chegou na loja em busca de uma rasteirinha confortável levar também aquele sapato de bico fino e saltão. "Toda mulher precisa de um sapato desse modelo mais clássico", eu argumentava.

Tive muita inteligência emocional para não me magoar nem me abater, porque eu adorava meus colegas e não conseguia sentir raiva. Eles eram divertidos, queridos. A gente tomava café junto todos os dias. Quando nos juntávamos, eram 40, 50 pães, muita conversa, muita risada. Aquela festa. De repente, aquilo acabou para mim. Mas eles não deixaram de ser importantes. Dentro de mim, aquele desprezo me machucava muito, mas eu seguia o baile. Para decepção geral, acabei ganhando também a segunda competição.

Essas foram as primeiras vezes em que senti na pele o peso do sucesso – e como ele poderia me fazer sentir solitária algumas vezes. Logo aprendi que isso fazia parte e que eu não mudaria minha conduta com ninguém por terem essa reação comigo. Isso porque, para agradar e ser aceita no grupo, eu teria de manter as minhas vendas num patamar medíocre, e isso estava longe do que eu tinha estabelecido de meta para minha vida. Então, preferi seguir meu coração e continuar meu trabalho, tratando bem meus colegas, apesar de saber que eu não teria necessariamente uma reciprocidade. Meu coração sempre foi voltado a servir. Assim, segui fazendo o que achava certo, como ajudar uma colega grávida a recolher o jardim de sapatos (esse é o nome que damos para quando ficam todos aqueles pares espalhados no chão) após seu atendimento e levar de volta para o estoque. A maioria não tinha essa atitude colaborativa. Em alguns ambientes, a competição é tão grande que muitos profissionais não se conectam uns com os outros, não têm espírito de equipe. Pior que isso, envolvem-se em brigas, disputas por clientes, pela vez na hora de atender... Sempre preferi ficar de fora desses contextos, mesmo quando eu tinha razão. Minha estratégia era poupar energia, não me deixar cair na negatividade e focar nas vendas. Havia dias em que eu pedia a Deus para que meus colegas tivessem muito sucesso nas vendas deles, para não ficarem perdendo tempo nas comparações. Eu queria mesmo é que cada um cuidasse de suas vendas em vez de ficar achando que seu mau resultado nas vendas era minha culpa. Afinal, eu estava focada em fazer o meu número, e não em prejudicar alguém.

A maior lição que aprendi depois que passei a ser desprezada devido ao meu sucesso é que, quando a gente está na pior, as pessoas têm mais facilidade em acolher. Aceitar e celebrar o sucesso do outro é mais difícil do que consolar um fracassado. Eu vivi isso na pele quando fiquei doente e sem cabelo e estava muito vulnerável. Naquele momento, todo mundo me adorava, me acolhia. Já quando eu superei as dificuldades e passei a me destacar e conquistar meus objetivos, deixei de ser considerada tão legal. Passei a incomodar. Mais tarde, vim a entender que isso acontece porque as pessoas tendem a se unir em grupos de iguais. Enquanto todos estão no mesmo patamar, eles se sentem parte de um grupo. Não conseguir crescer além de determinado nível é resultado de uma mentalidade e de um comportamento. Quando alguém se destaca, é porque está deixando de adotar aquela mentalidade e aquele comportamento e atingindo níveis maiores de performance. Isso soa como se estivesse "traindo" aquele grupo, ainda que isso não seja verdade.

Ser destaque de vendas fechou algumas portas de amizade – na verdade, vim a entender que não era amizade verdadeira –, mas me abriu outras portas, como a da sala da diretoria. Meus resultados foram chamando a atenção dos meus superiores e fazendo com que eles me dessem novas oportunidades. Eles passaram a conversar comigo, me pedir opiniões sobre produtos e aumento de vendas. Certa vez, sugeri que passássemos a abrir a loja aos domingos – naquela época não havia esse costume. Argumentei que havia um público que só tinha tempo de ir às lojas no dia de descanso. Sugeri que fizéssemos uma experiência. A gerência topou, e a grande maioria dos meus colegas se negou a comparecer. As vendas foram um sucesso e seguimos abrindo sempre aos domingos.

O que esses episódios trazem de lição? Quando se trata de relacionamentos, decepções e outras experiências ruins que ferem a nossa alma, temos sempre duas opções. Uma é deixar que eles nos corroam por dentro, ficar alimentando a raiva por uma atitude ou outra e não perdoar. A segunda opção é vivenciar aquilo e deixar para lá, não ficar naquela energia ruim. Pedir paz para as pessoas que provocaram aquele mal e seguir em frente na sua prosperidade. Existe uma história que diz que existem dois lobos dentro da gente: um lobo bom e um lobo mau. Qual deles vence? Aquele que a gente alimentar. Vejo muitas pessoas doentes da alma porque elas só alimentam o lobo mau.

A filosofia de vida que adotei é: "Se não me agrega, eu tiro da minha vida". Fofoca, por exemplo, é algo que não tem espaço. Se ouço, esqueço, pois não faz parte da triagem natural do meu cérebro. Se não me agrega, se faz alimentar pensamentos negativos, não interessa. Experimente fazer essa "limpeza" interna e ficar apenas com aquilo que lhe faz bem. Bons pensamentos, boas ações. Siga seu caminho de sucesso, perdoe sempre e não se deixe abalar. Siga o caminho da sua prosperidade.

"SE NÃO ME **AGREGA**,
EU TIRO DA MINHA VIDA"

CAPÍTULO 12

O PODER DE MUDAR O DIA DE ALGUÉM

Um dia, quando era vendedora na Oscar Calçados, eu me sentei no Café do Ponto. Não tinha dinheiro nem para pagar um pão de queijo. Falei para minha amiga Rose, que trabalhava comigo: "Amiga, bom mesmo seria ter uma cafeteria como essa. Café não tem crise; é cultural do brasileiro tomar café". Naquela época, eu jamais imaginaria que voaria tão alto, a ponto de, vinte anos depois, aquela mesma cafeteria ser minha.

Pela minha experiência de vida, acredito que o poder do ser humano está na ação, em fazer a diferença. O seu foco deve ser servir as pessoas – o cliente, seus funcionários e até mesmo um desconhecido – e transformar o dia delas. Quando você desperta para a alegria genuína de viver para servir e fazer a diferença na vida das pessoas, isso vai ser o seu maior guia e a fonte da sua maior energia e de sucesso.

A partir dessa mentalidade, tive minhas conquistas, me conectei com pessoas e bati muitas metas. Porque tudo isso foi genuíno. Vendas são relações, ainda que estejam permeadas por números. E é o servir que modifica os resultados – eu diria até que é o meio para torná-los exponenciais. Foi com essa mentalidade que venci em Angola e ressignifiquei o que é trabalhar em um café. Não se trata de tirar um bom espresso da máquina ou operar uma maquininha de cartão de crédito. Acredito que, por mais que a tecnologia se desenvolva, as pessoas querem ainda a experiência, querem sentar-se num café e ser notadas. Nas minhas mesas se fecham negócios, famílias se reúnem, se divertem, têm seus momentos de conexão. Então, nunca deixo isso se perder e procuro passar essa filosofia para quem trabalha comigo. Servir muda a energia das pessoas – tanto dos clientes quanto dos meus colaboradores.

Recentemente, recebemos um prêmio de excelência operacional, que para mim é como um símbolo do resultado dessa convicção do servir. Amo o propósito de gerar empregos, liderar pessoas, treiná-las para serem excelentes, criar relacionamentos e experiências com todos os clientes. Através das nossas lojas, várias famílias são sustentadas. Mais do que isso, são formadas pessoas especialistas em servir. Por isso, é essencial ajudar, apoiar e desenvolver pessoas. Eu gosto de pagar bem a minha equipe, de pagar pelas metas, de celebrar as vitórias. Amo promover indivíduos, descobrir novos talentos, explorar oportunidades e oferecer chances de crescimento.

CERCAR-SE DOS MELHORES É FUNDAMENTAL PARA ALCANÇAR O SUCESSO.

Tudo isso está no pacote de poder mudar o dia – até mesmo a vida – de alguém. Cercar-se dos melhores é fundamental para alcançar o sucesso. Adoro receber mensagens em minhas redes sociais de funcionários que contratei como menores aprendizes e que continuam na empresa, sempre em crescimento. Da funcionária da limpeza que encorajei a participar do processo seletivo para se tornar vendedora, pois tinha potencial, do garçom que contratei para um evento e percebi que era excepcional. Então, convidei-o para fazer parte da minha equipe; hoje ele é gerente comercial. Em Angola, por exemplo, desenvolvi e treinei um motorista totalmente sem experiência e habilidades que se tornou nosso melhor atendente de *callcenter*.

Quando as pessoas vão a um de nossos cafés, elas não compram um café e um pão de queijo; elas têm uma experiência. Meus atendentes chamam pelo nome, sabem da vida do cliente, porque ele se sente feliz em contar. Quando chega a época do Natal, ganham tantos presentes, que são como um reconhecimento da diferença que estão fazendo na vida daqueles clientes que frequentam nosso espaço. Deus usa a nossa vida para elevar as pessoas, para torná-las mais cientes de seu potencial e, assim, elas também podem prosperar e gerar mais impacto servindo. Em todos os trabalhos o servir está presente e é a partir dele que começamos a transformação que começa a tornar o sucesso possível. Quando o propósito está em primeiro lugar, o dinheiro vem como consequência. É a certeza de estar fazendo o que ama que move a nossa vida e nos tira da vala dos improváveis. Servir cria um ciclo virtuoso de abundância e de oportunidades. Dessa forma, você ressignificará seu papel no mundo a um nível tão profundo que seus resultados serão simplesmente uma consequência da sua vontade verdadeira de fazer a diferença na vida das pessoas. Esse é o caminho para tornar o improvável, absolutamente possível.

QUANDO VOCÊ DESPERTA PARA A ALEGRIA GENUÍNA DE VIVER PARA SERVIR E FAZER A DIFERENÇA NA VIDA DAS PESSOAS, ISSO VAI SER O SEU MAIOR GUIA E A FONTE DA SUA MAIOR ENERGIA E DE SUCESSO